내 삶을 바꾸는 굿 라이프

행운

내 삶을 바꾸는 굿 라이프

행운

우태인 지음

붉그루

머리말

행운은 좋은 운을 만나 일이 뜻대로 잘되어 가는 것을 말한다. 동양에서는 운수, 나쁘게는 우연이나 미신 정도로 치부할 때도 있지만 서양에서는 고대부터 행운을 성공을 위한 덕목들 중 하나라고 보았으며 매우 진지하게 생각하고 있다. 로마의 위대한 영웅 카이사르는 자신은 행운을 선천적으로 타고난 사람이라서 뭘 해도 성공한다는, 거의 신앙에 가까운 강한 자신감을 가지고 있었다.

그래서 결국 로마에서 가장 역사적인 업적을 남긴 황제가 되었다. 카이사르는 이집트를 원정할 때 기상 악화로 선원들이 항해를 두려워하자 "여러분은 지금 카이사르의 행운과 함께하고 있다."라고 하면서 자신의 행운을 선원들에게 나누어주기도 했다.

나폴레옹은 네잎 클로버를 보기 위해 허리를 굽혀 적의 총알을 피한 건 역사적으로도 유명한 행운의 사례이다. 일반적으로 영웅들이 역사에 이름을 남기게 된 것은 행운이 많았기 때문이다. 우리나에서 최고경영자(CEO)들을 대상으로 자신의 성공에 가장 큰 영향을 준 것이 무엇이었냐는 질문에 행운이 1위로 꼽히기도 했다.

당신은 지금까지 몇 번의 행운을 만났는가? 많은 사람들이 일생에 행운은 3번은 찾아 온다고들 한다. 당신은 지금까지 인생에서 행운이 한번도 찾아오지 않았다면 당신은 3번의 행운을 남겨 두었을 것이고 1번의 행운이 찾아왔다면 아직 2번의 행운이 더 찾아올 것이다. 만약 2번의 행운이 찾아왔다면 마지막 1번의 행운이 남아 있을 것이다. 아쉽게도 3번 다 찾아왔다면 이제 더 이상의 행운은 찾아오지 않을 것이다. 행운은 바람처럼 왔다가 바람처럼 사라지기 때문에 왔을 때 잡아야 한다. 그러나 3번의 행운이 다 지나 갔다고 해서 후회하지는 말라. 행운은 찾아오는 것만이 아니라 만들 수도 있기 때문이다. 행운이 찾아오는 것이라고 한다면 3번으로 끝나지만 만드는 것이라면 이 책을 만나는 순간 행운은 수시로 만들 수 있게 된다.

성공을 결정짓는 3가지 조건으로 천부적인 재능, 근면, 행운이라고들 한다. 어떤 사람은 천부적인 재능을 가지고 열심히 노력해 보지만 성공을 하지 못하는 것은 좋은 행운을 만나지 못했기 때문이다. 똑같은 일을 해도 행운을 충분히 활용하는 사람은 그렇지 못한 사람에 비하여 성공에 빨리 이르게 한다. 행운은 만드는 것이고 그 행운은 사람에 따라 좋은 행운이기도 하지만 위기가 되기도 한다. 성공한 사람들은 자신에게 주어진 것들을 최대한 활용하면서 행운을 창조하여 성공을 이룬 것이다. 또한 단 한번의 행운에 대한 선택으로 인하여 자신의 일생이 좋게 또는 어렵게 결정되기도 한다.

행운은 그만큼 우리 인생에 중요한 것이다. 마치 얼굴을 베일에 가린 여자처럼 다가오기 때문에 행운을 알아보기 위해서는 행운을 찾기 위해 노력해야 한다. 그렇다면 어떻게 행운을 창조하고 포착하며 활용할 수 있을까? 우리는 여기서 행운이 어떤 것인지, 좋은 행운을 어떻게 만들어야 하는지에 대하여 관심을 갖지 않을 수가 없다. 그리고 어떤 것이 정말 행운인지 불행인지를 구별하는 방법을 알고 싶어 한다.

이 책은 '내 삶을 바꾸는 굿 라이프 행운'을 기다리는 사람들에게 행운을 기다리지 말고, 만드는 방법과 어떻게 행운을 포착해야하는가에 대해 자세하게 설명해 주고 싶다.

동서고금 누구를 막론하고 충분한 능력을 가지고 있는데도 하는 일이 잘 안되거나, 열정을 가지고 열심히 사는데도 불구하고 성공하지 못한 사람이라면 이 책을 통하여 그 원인과 해답을 얻게 되기를 바란다.

우태인

목차

제1장

희망이
필요한 현재

1 코로나19가 던진 충격

전 세계는 전대 미문의 충격에 빠졌다. 그 충격은 바로 코로나바이러스에 의해 전세계가 감염된 것이다.

2019년 12월 중국 우한에서 처음 발생한 뒤 중국 전역과 전 세계로 확산된 호흡기 감염질환이다. 초기에는 원인을 알 수 없는 호흡기 전염병으로만 알려졌으나, 2020년 1월 21일 우한 의료진 15명이 확진 판정을 받으므로 코로나19의 사람 간 감염 가능성을 공식 확인했다. 이에 대하여 세계보건기구(WHO)가 2020년 1월 9일 해당 폐렴의 원인이 새로운 유형의 코로나바이러스라고 밝히면서 병원체가 확인됐다. 감염이 증가하면서 WHO는 1월 30일 '국제적 공중보건 비상사태'(PHEIC)를 선포했다. 그러다 코로나19 확진자가 전 세계에서 속출하자 WHO는 3월 11일 홍콩독감(1968), 신종플루(2009)에 이어 사상 세 번째로 코로나19에 대해 팬데믹(세계적 대유행)을 선포했다.

처음에는 중국 우한에서 발생하였기 때문에 우한 바이러스라고
도 불렸지만, 국제바이러스분류위원회에서 코로나 바이러스에 대한
정확한 명칭을 SARS-CoV-2로 2월 11일 명명하였다.

영어로는 COVID-19불리며, 한국에서는 정확한 명칭으로는 코
로나바이러스감염증-19라고 하지만 쉽게 코로나 바이러스19로 불리
고 있다.

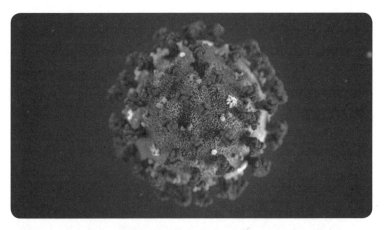

신종 코로나바이러스 형태 및 미세구조, 미국질병통제예방센터(CDC) 제공

코로나19는 감염자의 비말(침방울)이 호흡기나 눈·코·입의 점막으
로 침투될 때 전염된다. 감염되면 약 2~14일(추정)의 잠복기를 거친
뒤 발열(37.5도) 및 기침이나 호흡곤란 등 호흡기 증상, 폐렴이 주증상
으로 나타나지만 무증상 감염 사례도 드물게 나오고 있다.

코로나19에 감염되면 발열, 권태감, 기침, 호흡곤란 및 폐렴 등 경증에서 중증까지 다양한 호흡기감염증이 나타나며, 그 외 가래, 인후통, 두통, 객혈과 오심, 설사 등도 나타난다. 문제는 바이러스에 감염된 사람 중에서 사망률은 약 3.4% 정도 인 것으로 나타났지만 국가별·연령별 치명률 수준은 매우 상이하게 나타나고 있다.

특히 고령, 면역기능이 저하된 환자, 기저질환을 가진 환자가 주로 중증으로 나타나거나, 사망률이 높은 것으로 나타났다. 따라서 사망률이 낮은 일부 국가에서는 코로나19에 대해서 감기처럼 가벼운 증상이라고 생각해서 방역에 신경을 쓰지 않고, 집단 면역을 실시한 나라도 있었다. 그러나 코로나19를 심각하게 인식한 나라들에서는 방역을 위해서 이동금지를 하거나 사회적 거리두기를 철저하게 지키는 나라들이 많이 나타났다.

이로 인하여 세계 여행은 멈추었고, 사람이 모이는 일을 줄이다 보니 그에 관련된 업종들은 심각한 타격을 받아 부도를 내거나 휴직 처리가 되어 경제적으로 심각한 타격을 입게 되었다. 경제적인 타격은 결국 소매업자와 외식업체에 도미노처럼 타격을 입게 되어 경제활동은 급격은 위축되었다. 이로 인해 대부분의 사람들이 코로나로 인해서 경제적으로 어려워지고, 외부의 활동에 대한 제한이 이루어져 사회 전반적으로 어려움을 겪게 되었다.

2 코로나19의 진실

코로나바이러스감염증19는 명칭에서도 알 수 있듯이 바이러스 중에 한 가지다. 원래 바이러스는 DNA나 RNA를 유전체(genome)로 가지고 있으며, 단백질로 둘러 싸여 있는 구조를 가지고 있다. 바이러스는 혼자서 증식이 불가능하여 숙주 세포내에서 복제를 하며, 세포 간에 감염을 통해서 증식한다. 동물, 식물, 박테리아 등 거의 모든 생명체에는 각각 감염되는 바이러스가 존재하며, AIDS, 독감, 간염, 헤르페스, 에볼라와 같은 다양한 질환의 원인이 되기도 한다.

바이러스는 일반적으로 생물과 무생물의 특성을 모두 가진 것으로 알려져 있다. 세포들은 기존의 세포에서 스스로 복제되는 데 반해서, 바이러스는 숙주에 감염이 된 후에 숙주의 복제 시스템을 활용하여 자신의 유전체를 복제하여 증식을 하게 된다. 따라서 숙주가 없는 상태에서 바이러스는 스스로 복제하지 못하고 단순히 단백질과 핵산의 덩어리인 무생물 상태로 존재하게 되는 것이다. 따라서 바이러스의 여러 단백질들은 숙주에 효율적으로 감염하고, 숙주의 시스템을 활용하는 데 최적화되도록 진화하였다. 바이러스와 유사한 특징을 가지는 프리온(prion)은 무생물로 분류가 된다.

　　대부분의 바이러스는 감염자와 밀접한 접촉에 의해서 이루어지는 경우가 대부분인데 코로나19는 다른 바이러스에 비하여 가장 전염력이 강한 바이러스다. 코로나19는 감염자의 비말(침방울)에 바이러스·세균이 섞여 나와 2m 안에 있는 사람의 호흡기나 눈·코·입의 점막으로 침투되어 전염된다. 눈의 경우 환자의 침 등이 눈에 직접 들어가거나, 바이러스에 오염된 손으로 눈을 비비면 눈을 통해 전염될 수 있다.

| 표 1-1 | **바이러스의 비교**

구분	감기	독감	코로나19
증상 발생 위치	주로 상부 호흡기관(상기도)	주로 상하부 호흡기관	주로 하부 호흡기관(하기도)
주요 증상	콧물, 인후염, 열과 두통으로 인한 무기력증	두통, 근육통, 기침, 한기를 동반한 고열	발열, 마른기침, 근육통, 피로
잠복기	잠복기 없음	-	잠복기 평균 7~14일 추정
회복 소요 기간	일주일 안에 회복	일주일~몇 주 동안 길게 지속	약 13~18일(국내 기준)
감염 판단 방법	별도 검사 없음	독감 바이러스 검사	코로나 유전자 유무 검사

코로나19 검사는 발생 초기에는 판 코로나바이러스 검사법(Conventional PCR)과 염기서열분석 일치 여부를 통한 확진 검사를 진행했다. 이는 의심환자에 대해 코로나바이러스 계열인지 여부(판코로나 검사법)를 확인한 뒤 양성반응이 나오면 환자 검체에서 나온 바이러스 유전자 염기서열을 분석해 검사를 진행하는 것으로, 약 1~2일이 소요됐다. 그러나 2020년 1월 31일부터는 코로나19만을 타깃으로 하는 RT-PCR 검사법이 개발되면서 질병관리본부(국립인천공항검역소 포함)와 전국 18개 보건환경연구원에서부터 적용하여 진단하고 있다.

RT-PCR 검사법은 판 코로나 검사처럼 코로나바이러스 전체 계열이 아닌 코로나19를 특정해 진단할 수 있는 시약 키트가 핵심으로, 검사 6시간 이내 결과를 확인할 수 있다. 이 키트는 2월 7일부터 민간병원에도 보급되면서, 코로나19의 신속한 진단이 가능해졌으며, 세계에서도 우리나라의 진단 키트의 효과에 대하여 관심을 가지고 수입해가는 나라들이 많아졌다. 이로 인해 한국의 방역 시스템에 대한 세계 최고라는 인식이 확산되었으며, 아이러니하게도 한국이 선진국으로 도약하는데 일조를 하게 되었다.

현재까지 코로나19에 감염된 환자로 확진되면 치료제가 없기 때문에 격리되어 기침·인후통·폐렴 등 주요 증상에 따라 항바이러스제나 2차 감염 예방을 위한 항생제 투여 등의 대증요법을 통하여 치료를 하고 있다. 일부 환자의 경우에는 항바이러스제 투여 없이 자가면

역으로 코로나19의 치유가 가능한 것으로 알려져 있다. 그러나 코로나19 증상이 호전된 뒤에도 무증상으로 바이러스가 3~4주 지속되기도 하며, 바이러스가 다시 활성화되어 영구 면역이 되지 않는 경우도 있기 때문에, 치료가 종료됐다고 해도 최소 2주가량 자가 격리를 해야 한다.

코로나19는 아직까지 백신이나 치료제가 없는 상태이나 상황이 심각해지자 전 세계가 앞 다투어 임상실험에 참여하고 있으며, 백신과 치료제 개발에 박차를 가하고 있다. 따라서 아직까지는 코로나19는 걸리기 전에 예방하는 것이 가장 효과적인 방법이다. 코로나19를 예방하기 위해서는 많은 사람이 모인 곳에는 가지 말아야 하고, 사람들과 접촉할 때는 항상 반드시 마스크를 착용해야 하며, 2m 이상 거리를 두어야 한다. 그리고 외출하고 나서는 올바른 손 씻기(흐르는 물에 비누로 30초 이상 꼼꼼하게 손씻기)를 해야 한다.

만나는 사람과 신체적 접촉은 가급적 피해야 하고, 기침할 때는 휴지나 옷소매 위쪽으로 입과 코를 가리고 해야 하며, 다른 사람과 대화할 때는 반드시 마스크를 착용하고 대화를 해야 한다.

코로나19의 백신과 치료제는 빨라야 2021년이나 되어야 일반인들에게도 판매가 될 것으로 예측하고 있어서 지금의 코로나19로 인한 감염은 지속될 것으로 보인다. 따라서 지금까지 코로나19를 극복하는 가장 좋은 방법은 예방이라고 할 수 있다.

3 코로나19로 인한 어려움

코로나19로 인한 타격은 우리의 삶 자체를 흔들어 놓고 있으며, 여러 분야에서 심각한 피해를 주고 있다. 코로나19로 인한 피해 중에서 가장 타격이 심한 분야는 경제 분야라고 할 수 있다. 코로나19 사태로 인하여 확진자가 급증함에 따라 사회적 거리두기와 함께 경제활동 및 소비심리가 크게 위축되면서 전 분야에 걸쳐 소비가 급격하게 감소함으로써 당초 예상보다 민생 경제여건 전반의 어려움이 확대되었다.

결국 세계의 경제는 예전에 비하여 심각할 정도로 역성장을 기록하고 있다. OECD는 '2020 OECD 경제성장률'을 발표했는데 OECD 37개 회원국 중 올해 한국 경제성장률 전망치가 가장 높다고 발표

했다. 전세계적으로 경제성장은 전부 마이너스 성장을 하였는데 그
중에서 한국은 경제성장률이 -0.8%로 1위를 차지했고, 2위는 터키
(-4.8%) 3위는 일본(-6.0%), 4위 미국(-7.3%), 5위 영국(-11.5%) 순이
었다.

OECD는 보고서에서는 코로나19로 인해 세계는 심각한 경기 침
체를 유발했다고 진단했다. 특히 여행 및 레저 등 전통적 대면 서비스
산업의 충격이 컸으며, 회복 속도 또한 더딜 것이라고 예측했다. 제조
업은 전 세계 수요 붕괴로 충격을 받았고, 특히 석유화학·자동차 업종
의 피해가 크다고 보았다.

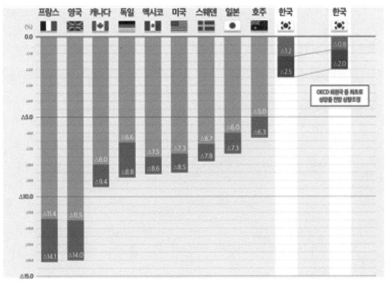

출처 : 기획재정부

이런 상황에도 불구하고 한국이 경제성장률이 가장 높았던 이유는 코로나19 방역 조치가 성공했다고 봤기 때문이다. OECD는 "한국은 일체의 봉쇄조치 없이 방역 성과를 거두면서 경제 피해도 최소화했다"며 "경제 충격이 제한적으로 나타나며 회원국 중 경제 위축이 가장 작았다"고 평가했다.

경제성장률은 우리나라 모든 산업을 합쳐서 통계를 낸 것이기 때문에 코로나19로 인해 어려운 업종도 많지만, 일부 업종은 코로나로 인해 성장한 업종까지 합쳐서 평균을 낸 것이기 때문에 정확하게 시장의 분위기를 알기는 어렵다. 우리나라에서 코로나로 인해 피해를 크게 입은 업종을 보면 다음과 같다.

(1) 여행업

경제 분야에서 가장 타격이 심한 분야는 여행업종이라고 할 수 있다. 현재 입국 금지를 하고 있는 나라도 많지만, 여행을 금지하고 있는 나라들이 많기 때문에 관광객의 급감으로 인해 여행업은 완전 정지되었다고 보아도 과언이 아니다.

실제로 코로나19가 발생하기 전 인천국제공항 일일 여객 수는 20만명이 넘던 것이 코로나19 사태 발생 이후 8000명 단위로 줄었으며, 8월 현재 1만명 정도로 1/20이하로 줄었다.

여행업의 타격은 여행사나 항공사가 파산하거나 부도를 내는 경우가 증가하고 있다. 특히 여행사의 직원과 항공사에 종사하는 승무

원과 조종사들에게도 무급휴직과 유급휴직 상태에 놓여 있다. 올해 안에 여행업이 살아나지 않는다면 더욱 많은 여행사들과 항공사들이 도산하게 될 것이다.

이용객이 없는 인천 국제공항

① 서비스업

수입 감소와 사회적 거리 두기로 인하여 외식업소를 이용하던 인구가 감소하므로 인해 음식점의 매출이 감소하고 있다. 매출의 감소는 임대료나 직원들의 임금을 해결하지 못해서 문을 닫는 점포들이 증가하고 있다.

여행객의 감소는 자연스럽게 숙박업소에 대한 이용이 줄면서 숙박업의 매출도 감소하고 있다. 숙박업소는 시설 유지 비용과 인건비가 차지하는 비율이 높기 때문에 수입 감소는 숙박업소에게 큰 타격을 주고 있다.

영화나 연극 및 예술 분야도 사람을 모으는 것이 어려워져서, 적자가 지속적으로 생기는 곳은 휴관하는 극장도 많다.

② 중소기업

코로나19 사태로 인해 대중 수출이 크게 감소하고, 중국으로부터의 부품수급 차질 등으로 일부 공장의 가동 중단이 발생함에 따라 수출을 위주로 했던 중소기업이 타격을 입었다. 내수를 중심으로 했던 중소기업들도 소비심리 위축과 수익의 감소로 인해 부도가 나는 중소기업이 증가하고 있다. 이로 인해 각 지역의 공단의 가동률이 떨어지게 하고 있다.

(2) 교육 분야

코로나19 확산 방지를 위한 특단의 조치로 휴교령이 내려졌고 그로 인해 세계 188개국에서 15억 7,600만 명의 학생이 학교에 가지 못했다. 따라서 수업 결손으로 인해 대부분의 학교수업 대신 원격수업으로 대체되었다. 우리나라의 경우 초중고는 다시 대면 수업을 시작했지만 대학의 경우는 1학기에 이어 2학기에도 원격수업 진행 예정인 대학들이 많다.

정규교육 시장에서도 이러한 피해가 발생하였는데 사교육 시장은 더욱 어려움을 호소하고 있다. 비대면 시장의 확대로 인하여 기존의 오프라인 학원들과 교육 기관들은 학생을 모집하지 못하여 적자를 보는 기관들이 증가하였으며, 이를 견디기 어려운 곳에서는 문을 닫을 수밖에 없었다. 특히 성인들 대상으로 하는 평생교육원이나 기업교육은 무기한 연기된 곳이 많으며, 코로나19 사태가 종식된다고 해도 다시 원위치로 돌아오기 어려운 곳이 많다.

(3) 일자리 분야

코로나19로 인하여 경기가 어려워진 기업에서는 정리해고가 증가하고 있으며, 폐업하는 자영업자로 인하여 실업률이 증가하고 있다. 대기업에서도 예전에 비해 취업자 수를 줄이고 있기 때문에 청년들의 실업률도 높아지고 있다.

4 코로나19 이전으로 다시 돌아가지 않는다

미국 국무장관을 지낸 헨리 키신저는 "코로나19 펜더믹이 끝나면 세계는 그 이전과 이후로 변할 것"이라고 했다. 헨리 키신저만이 아니라 많은 학자들도 인류의 역사는 코로나19 사태 이전에는 고대, 중세, 근대, 현대 또는 농업혁명, 산업혁명, 지식정보혁명 등으로 역사를 나누었으나, 코로나19 사태 이후로는 코로나 이전의 역사와 이후의 역사로 나뉜다고 할 정도로 세상의 변화는 획기적으로 다가올 것을 예고하고 있다.

많은 사람들이 지금은 매우 어려운 환경이지만 조금만 참아 백신과 치료제가 개발되어 코로나19 사태가 끝나면 모든 것이 코로나19가 출현하기 이전으로 돌아갈 수 있을지도 모른다는 희망회로를 돌리고 있다. 그러나 우리가 분명히 알아야 할 것은 사회 전반을 뒤흔든 커다란 변화 뒤에는 세상이 완전히 바뀌지 다시 원상태로 모든 것이 돌아가지 않는다는 것이다.

실제로 과거 인류에게 닥친 큰 재앙들이 가져온 역사적인 흐름을 보면 반드시 역사에 패러다임의 전환을 가져온다는 것을 살펴볼 수 있다. 그리고 큰 전환은 세상을 변화시키고, 새로운 세상이 열린다는 것이다.

중세의 유럽은 많은 인구를 중심으로 농업중심의 봉건주의 체제를 유지하고 있었는데, 흑사병으로 인해 유럽 인구의 3분의 1이 죽고, 급격한 인구 감소는 농업 인구의 감소로 자연스럽게 봉건 경제를 무너뜨렸다. 결국 경제활동은 대규모의 노동력이 필요했던 농업에서 소수의 인력으로도 가능했던 상업이 활성화하였다. 그 결과 베네치아를 중심으로 상업을 통한 부의 축적을 통해 사람들은 여유로워지면서 르네상스를 통해서 문예를 부흥하게 되었다. 흑사병이 끝났다고 해서 한번 변화된 사회체제나 경제적인 구조는 이전의 사회로 돌아간 것은 없었다.

2차 세계대전은 인류 역사상 최악의 전쟁이자 최대의 규모의 전쟁으로 평가된다. 제2차 세계 대전 기간 동안 민간인과 군인 사상자를 모두 합하여 약 7,000만 명이 넘는 사람들이 사망했다. 전쟁이 끝나고 세계 패권의 중심은 서유럽에서 초강대국으로 떠오른 미국과 소련으로 넘어갔다. 그리고 2차 세계대전을 통해 미국은 막강한 부를 얻으며 세계의 경제를 주도하면서 대량 생산 및 소비의 시대가 개막하게 되었다.

코로나19도 지금까지 우리가 경험해보지 못했던 재앙을 주고 있다. 인류는 코로나19에 대처하기 위하여 많은 변화를 주도하고 있으며, 우리는 거기에 맞게 적응해가고 있다. 따라서 코로나19 사태가 끝난다고 해도 우리는 다시 과거로 완벽하게 복귀하지 않는다는 것을 인식하고 새로운 시대에 맞는 삶을 살 준비를 해야 한다. 예를 들어 코로나19의 감염이 급속하게 확산되자 대부분의 국가에서는 감염 원인을 없애기 위하여 집합교육을 줄이기 위하여 원격교육을 시행했다. 원격교육을 처음 시행했을 때는 새로운 시스템에 익숙하지 못했던 교수자나 학생들이 혼돈하고 적응하기 어려워했다. 그러나 불과 몇 달이 지나지 않아서 사람들은 적응해나갔다. 코로나19의 확산세가 주춤하자 원격교육을 멈추고 집합교육으로 전환하려고 하자 오히려 학생이나 교수들은 온라인 교육에 익숙해져 다시 돌아오지 않기를 바라는 사람들도 증가하였다. 이미 온라인 교육에 적응되었기 때문이다.

따라서 우리는 코로나19 사태가 끝나고 원 상태로 돌아갈 것이라는 환상을 깨고, 코로나19 사태 이후의 변화된 세상에 적응하고 미래를 대비하는 것이 우리가 처한 지금의 상황에서 가장 현명한 대처라고 할 수 있다.

5 코로나19가 요구하는 변화

코로나19로 인한 충격은 인류사회에 큰 변화를 요구하고 있다. 이제 세계는 코로나19로 인하여 강한 전염력과 치료제가 없는 상태에서 감염되지 않기 위해서는 사회적 거리두기나 강력한 사회격리를 실시하게 됨에 따라 우리는 이전에는 경험해 볼 수 없는 새로운 세상이 열리게 될 것이다.

코로나19 사태가 끝나고 여행업이 정상화되어도 당분간 여행객들은 방역이 잘된 나라와 안전한 나라에 대하여 선별적으로 여행을 시작할 것으로 예상하고 있기 때문에 완전한 코로나19 이전 상태로 돌아가기는 어려울 것으로 예상된다.

음식점의 매출은 줄어드는 반면에 온라인 음식 배달은 40~

80% 이상 늘었으며, 간편식 수요도 크게 증가하고 있다. 따라서 이러한 소비형태의 변화는 외식산업에서도 큰 변화를 요구하고 있다.

교육 분야에서도 처음에는 원격수업에 대해서 혼란이 많았지만 점차 익숙해져 가고 있으며, 온라인 교육의 정착을 더욱 빠르게 하고 있다. 온라인 수업의 활성화에 따라 디지털 가전 수요도 20% 이상 증가했다. 앞으로 코로나19 사태가 끝난다고 해도 온라인 수업에 익숙해져가는 학생들과 교수자들이 증가하게 됨에 따라 원격교육은 더욱 활성화할 것으로 예상할 수 있다.

코로나19로 인해 회사의 근무형태가 재택근무나 원격 근무를 도입하여 활성화되고 있어 회사에 출근하는 일수가 줄어들고 있다. 그리고 면대면 집합 회의 보다는 화상회의가 정착되고 있으며, 전자 결재가 소규모 회사에 까지 적용되고 있다. 뿐만아니라 화상 면접이나 AI채용과 같은 비대면 채용이 증가하고 있다.

의료분야에서도 면대면보다는 모바일 문진이나 비대면 원격 진료가 점차 활성화되면서 비접촉·무인 서비스가 새로운 일상으로 자리 잡아가고 있다. 그리고 건강에 대한 관심이 높아지며 건강 의료용품은 전년 동기 대비 140% 이상 늘었고, 집에서 할 수 있는 운동용품의 판매량도 큰 폭으로 증가했다.

이외에도 온라인 하객을 초대하는 비대면 유튜브 라이브 결혼식이 증가하고 있으며, 각종 대회나 콘테스트도 원격으로 진행하는 곳이 늘어나고 있다.

코로나19 사태로 인한 지금까지의 변화를 보면 결국 면대면보다 비대면 관련 사업이 활성화 된다는 것이다. 그래서 코로나19 사태 이후 세상의 변화 핵심 키워드는 '언텍트(untact)'라고 할 수 있다. 언텍트는 새롭게 만들어진 단어로 '아니다'라는 뜻의 영어접두사 un과 "닿음, 접촉"이라는 뜻의 영어단어 contact의 con을 떼어낸 자리에 붙여서 언텍트는 비접촉(non·contact)이라는 의미를 갖게 된다. 언텍트는 코로나19 사태 이후 만들어진 신조어다. 따라서 앞으로는 모든 분야에서 사람이 만나지 않고 할 수 있는 언텍트 기술, 언텍트 사업, 언텍트 방법 등이 사회의 변화를 주도할 것으로 예측할 수 있다.

따라서 미래 사회에 성공적으로 대응하고 살아남기 위해서는 우리의 일상에서 면대면이었던 것들을 언텍트화하는 것이라고 할 수 있다.

6 심각해져가는 코로나블루

코로나19로 인해 사람들과의 거리를 두는 사회적 격리와 함께 마스크 필수 착용으로 인해 일상생활에 제약을 받다 보니 생활에 불편을 호소하는 사람들이 증가하고 있다. 나아가 코로나로 인하여 경제적인 피해를 입거나 일상 생활에서 불편이 심한 사람들은 분노와 짜증을 느끼고 있다. 이런 상태가 지속되면서 코로나19가 언제 끝날지 모른다는 불안감과 코로나19의 해결방법이 없다는 절망감과 함께 이러한 상황에서 할 수 있는 것이 없이 오로지 시간만 보내야 한다는 무기력감과 함께 우울감이 찾아오고 있다. 뿐만아니라 '내가 감염이 되지 않을까?'라는 불안감과 일상생활 통제와 사람들과의 거리두기로 인한 외로움과 함께 경제적인 어려움을 통해서 심리적으로 고통을 호소하는 사람들이 늘고 있다.

이처럼 코로나19 사태가 1년 가까이 지속되면서 나타난 정신적으로 부정적인 증상들이 나타나자 '코로나19'와 우울함(Blue)'의 합성어인 '코로나블루(coronablue)'라는 신조어가 생겨났다. 그만큼 많은 사람들이 코로나로 인하여 경제적으로도 어렵지만 정신적으로도 어려움이 커져가고 있음을 증명하고 있다.

과거 1918스페인 독감이 전세계적으로 유행했을 때도 두려움과 우울증으로 인해 다른 해에 비해서 자살률이 증가하였다. 그리고 2015년 메르스가 국내 유입되었을 당시 초기대응에 실패하면서 메르스가 전국적으로 확산되자 우리나라 국민의 40%가 우울증과 불안을 경험한 것으로 연구 결과가 나왔다. 그런데 코로나19 사태의 장기화는 이전의 스페인 독감이나 메르스보다 광범위하고 오랫동안 사람들을 괴롭히고 있기 때문에 이로 인한 사람들의 심리적인 스트레스가 상당한 것으로 보인다.

취업포털 인크루트와 바로면접 알바콜이 성인남녀 3903명을 대상으로 공동 설문 조사한 결과를 보면, 코로나블루를 경험한 사람은 전체 응답자 중 절반 이상인 54.7%가 '경험했다'고 답했다.

연령대별로는 30대 응답자는 58.4%가 경험비율이 가장 높았고, 이어 20대는 54.7%, 40대는 51.5%, 50대 이상은 44.8% 순으로 나타났다. 성별로는 여성이 62.3%로, 남성은 41.4%로 여성이 남성보다 20.9% 더 높았다.

월 알바몬에서는 20대 성인남녀 4,450명을 대상으로 설문조사를 실시한 결과, 20대 10명 중 7명이 '코로나 블루'를 경험한 것으로 나타났다. 제일 많이 꼽는 코로나 블루 증상은 답답함(57.9%)이었고, 그다음으로는 무기력함(55.1%)을 느끼는 경우가 많았다.

전문가들은 코로나블루가 발생하는 원인으로 외부 활동을 자제하고 실내에 머무르면서 생기는 답답함, 자신도 코로나19에 감염될 수 있다는 불안감, 작은 증상에도 코로나가 아닐까 걱정하는 두려움, 활동 제약이 계속되면서 느끼는 무기력증, 코로나가 언제 끝날지 모른다는 불안감, 일자리 감소에 대한 불안감, '취미활동 제한에서 오는 우울감, 소득 감소로 인한 경제적인 불안감, 코로나19에 관련 정보와 뉴스에 대한 과도한 집착, 주변 사람들에 대한 경계심 증가, 과학적으로 증명되지 않은 민간요법에 대한 맹신 등이며, 이러한 원인은 장기화되면 될수록 확신편향 증세가 심해지며, 이로 인한 다양한 정신 질환이 발생하는 것으로 보고 있다.

코로나19 사태의 장기화로 인하여 실제로 나타나는 다수의 코로나블루의 증상은 우울감, 불면증, 불안, 분노, 스트레스, 과민, 정서적인 피로, 우울증 및 외상 후 스트레스 장애 등 여러 가지 증상이 나타나고 있다. 이러한 심리적인 부정적인 상황이 지속될수록 신체적인 건강에도 악영향을 미치게 될 뿐만아니라 자살률을 높이기도 한다.

코로나19 사태의 장기화는 경제적으로 큰 타격을 주지만 심리적으로도 심각한 타격을 주어 충격적인 사회문제를 만들 수 있다. 더 큰 충격을 가져다 주기 전에 우리는 코로나블루로부터 탈출해야 한다. 경제적으로도 어려운 것이야 나중에 코로나가 끝나면 해결하면 되지만 심리적인 증상은 중증이 되면 쉽게 되돌리기 어렵기 때문이다. 따라서 코로나블루에 빠져 들지 않도록 자기 관리를 해야 한다.

7 코로나블루 탈출하기

코로나19 사태는 지금까지는 언제 끝날 수 있는지 예측하기 어렵다. 결국 우리는 코로나19사태가 끝날 때까지 코로나19와 함께 살아가야 한다. 그렇다면 적극적으로 코로나 블루를 극복할 수 있는 방법을 찾아야 한다. 지금까지 절반의 사람이 코로나블루를 경험했는데 앞으로 장기화될수록 더 많은 사람들이 느낄 것이고, 증상 또한 심각해질 수 있다. 따라서 지금도 코로나블루는 문제지만 앞으로는 더욱 큰 문제가 될 코로나블루를 적극적으로 극복해야 한다. 중증의 코로나블루인데도 가만히 있으면 증상이 더욱 심해져서 결국에는 더 큰 신체적 건강에 영향을 주기 때문에 코로나블루를 극복하려는 적극적인 자세가 필요하다.

코로나19와 관련된 의학전문가들은 우울감, 무기력감, 불안감, 두려움 등의 감정에서 코로나블루가 시작되기 때문에 코로나블루에서 탈출하기 위해서는 우선 자신의 감정에 대한 통제가 중요하다고 보고 있다. 자신의 감정에 대한 통제를 통하여 코로나를 극복할 수 있는 구체적인 방법을 보면 다음과 같다.

첫째, 자신의 감정에 대해서 이야기를 한다.

심각한 불안 증세나 우울감이 심해져서 평소와 다르게 감정 조절이 힘들 경우에는 가까운 주변 지인들에게 자신의 상태를 이야기를 하는 것이 좋다. 이야기를 하면서 자신의 문제를 자각하고, 어느 정도는 스스로 위로를 받을 수 있다. 대화를 하는 동안 부정적 사고에서 벗어나 생각을 다른 곳으로 돌릴 수 있어서 코로나블루로부터 벗어날 수 있다.

둘째, 산책으로 환경을 바꾸어 준다.

코로나블루로 인해서 일자리를 잃거나 재택 근무가 많아 짐에 따라 집에만 가만히 있으면, 우울감 같은 부정적 생각이 많아지게 된다. 부정적인 생각이 많아질수록 코로나 블루는 더욱 깊어지므로 마스크 착용 후 공원이나 경치가 좋은 곳에서 산책을 하면서 가벼운 운동을 하는 것이 좋다. 그러면 생각을 다른 곳으로 돌릴 수 있고, 긍정적인 생각을 가져와 코로나블루를 극복할 수 있다.

셋째, 여행으로 즐거운 마음을 만든다.

가벼운 산책으로 정신적인 변화가 없으면 좀 더 멀리 그 동안 가보지 못했던 곳을 정해서 여행을 준비하여 떠나는 것도 좋다. 여행을 준비하면서 우선 부정적인 감정에서 벗어날 수 있으며, 여행을 가서 새로운 경치를 보거나 맛있는 음식들을 먹으면서 자신을 즐겁게 해줌으로 기분 전환을 해주는 것이 좋다.

넷째, 전문가와 상담을 한다.

코로나블루로 인한 상태가 심각해서 어떤 것도 코로나블루를 극복하는데 도움이 되지 못할 경우에는 전문가와 상담을 받는 것이 좋다.

우선 코로나블루 전문 심리상담사들에게 상담을 받고 원인을 찾아서 해결하는 심리치료를 받는 것이 좋다. 심리치료로도 코로나블루 극복이 어렵다면 그때는 의사의 진찰을 받아 항우울제를 복용하는 것도 좋은 방법이다.

제2장

행운의 본질

1 행운의 존재는 주관적이다

행운은 다분히 주관적이다. 어떤 사람은 행운이 와도 행운인지 모르고 지나가고, 어떤 사람은 일상 속에서도 행운을 찾아내기 때문이다. 절망에 빠진 사람들은 자신에게는 좋은 행운이 오지 않는다고 생각하여 자신의 운명이 가혹하다고 생각하기 쉽다. 그러나 행운은 분명히 있었을 것이다. 하지만 절망에 빠진 사람은 아픈 마음을 추스르느라 행운을 볼 수 있는 여력이 없었을 것이다. 또한 행운을 보았더라도 행운이라고 보지 못했기 때문에 무심코 지나칠 수도 있었을 것이다. 그러나 행운을 정확히 볼 수 있는 시각을 가졌다면 절망에 빠진 사람은 어떤 상황에 놓였더라도 행운을 올바르게 선택하였을 것이다.

행운을 주관적으로 보게 되면 행운은 사람마다 다르게 보이게 된다. 어떤 이에게는 행운이 되기도 하지만 어떤 이에게는 행운인지도 모르고 지나가기 때문이다. 또 어떤 이에게는 매우 중요한 행운이기도 하지만 어떤 이에게는 아주 작은 행운이 될 수 있기 때문이다. 왜 같은 행운에 대해서 이처럼 다르게 보이는 것일까? 바로 행운을 보는 시각이 긍정적이냐 부정적이냐에 따라 행운이 되기도 하고 아니기도 하기 때문이다.

그것은 바로 행운이 객관적인 것이 아니라 주관적이기 때문이다. 행운을 바르게 선택하고 내게 도움이 되는 것으로 하려면 행운의 존재를 긍정적으로 보아야 한다. 그래야 행운은 내 것이 되고, 작은 행운도 크게 보이게 된다.

우리나라 대표 치킨회사인 BBQ의 윤홍근 회장은 창업한지 2년 만에 IMF로 인하여 최대 위기가 찾아왔다. 윤회장은 '위기는 위험과 기회의 줄임말'이라고 생각하였기에 그중에서 위험은 버리고 기회만 선택하면 오히려 위기를 행운으로 바꿀 수 있다는 생활신조를 가지고 있었다.

IMF로 인하여 경제가 어려울 때 고기를 먹던 사람이 외식습관을 버릴 수는 없으므로 그 대안으로 값싼 닭고기를 선택할 수 있기에 오히려 자기에게는 행운이 될 수 있다고 생각했다. 윤회장은 이럴 때 일수록 공격적인 경영을 통해 이 행운에 BBQ가 1등 브랜드로 나설 수 있다는 자신감을 가지고 있었다. 우선 재산을 털어 전 가맹점 사장들에게 함께 힘을 합쳐 위기를 극복하고 희망과 용기를 심어주는 데 주력했다. 그는 30%가량의 원가 인상 부문을 소비자가격 인상 없이

BBQ 본사가 10%, 가맹점이 10%, 나머지 10%는 닭고기 공급업체인 마니커가 각자의 이익을 포기함으로써 3분의 1씩 분담하자고 하였다. 매출이 부진한 10개 점포에 대해 BBQ 본사가 매월 100만원씩 지원하는 특단의 조치도 병행했다. BBQ는 3자 고통 분담 대응책으로 6개월 이상을 가격 인상 없이 버텨냈다.

윤회장은 여기서 그치지 않고 경기가 어려워지다 보니 광고가 줄어 광고비가 대폭 떨어지고 있다는데서 적은 비용으로 광고를 할 수 있으며, 오히려 광고효과가 더 클 것이라고 생각하였다. 경쟁 업체들은 광고를 하지 않았기 때문에 시장을 석권할 수 있는 좋은 기회가 될 거라는 생각으로 TV 광고를 대대적으로 늘렸다.

광고를 접한 소비자들은 더 자주 치킨을 찾았고, 매출은 상승곡선을 그렸다. 위기경영의 역발상은 대성공이었으며, 오히려 전국에서 BBQ 가맹점을 열겠다는 문의가 쇄도한 것이다. 그 결과 가맹점은 98년 3월 500개를 넘어섰으며 국내 굴지의 외식업체로 성공하기에 이르렀다.

평범한 사람 같으면 IMF가 가져온 경기의 어려움을 위기라고 생각하고 쓰러져 가는 회사를 지켜보기만 했을 것이다. 그러나 윤회장은 위기를 절망이라 생각하지 않았고 이것을 기회라고 생각하였던 것이다. 윤회장은 남들이 위기라고 생각한 것을 긍정적인 마음으로 보았기 때문에 위기 속에서도 행운이 보였던 것이다.

윤회장의 성공 비결은 행운을 기다린게 아니라 긍정적인 마음으로 위기를 기회로 만들었다. 행운을 만들기 위해서 남들이 소극적으로 대응하는 것에 대해 공격적으로, 광고를 하지 않는 상황에서 광고를 적극적으로 하는 것이었다.

결국 긍정적인 마음으로 행운을 만들어 BBQ를 다른 치킨 회사들보다 높은 인지도를 갖게 만들었으며, 굴지의 회사로 성장하는 계기가 되었다. 윤회장이 IMF를 그저 절망이라고만 생각하고 있었다면 회사는 도산했을 것이고, 호기라고 생각하지 않았다면 그저 남들처럼 방어만 하고 있었을 것이다.

이처럼 기회는 똑같이 주어지지만 사람에 따라서는 위기도 되고 기회도 되기 때문에 행운은 주관적인 요소가 강한 것이다.

2 위기와 행운은 동전의 양면

행운은 기회와 같다. 기회(機會)는 틀 기(機)자와 모일 회(會)자를 쓴다. 틀 기(機)자는 幾(기)는 약한 움직임인데 목(木)을 합치면 베틀을 움직이는 자잘한 장치 또는 석궁을 발사시키는 장치를 말한다. 결국 베틀을 움직이는 것이 모여지면 옷감이 만들어져서 원하는 옷을 만들어 입을 수 있거나, 원하는 물건과 바꿀 수 있는 것이다. 또한 활이 있으면 위험을 극복할 수 있고 사냥을 가거나 전쟁을 치를 수 있는 것이다. 결국 기회는 기대하던 때가 오는 것을 말한다.

'機會'(기회)나 '危機'(위기)는 같은 틀 기(機)자를 쓴다. 그러나 機會(기회)은 좋은 기회이지만 '危機'(위기)는 위험한 기회을 말한다. 따라서 기회나 위기는 같은 것이라고들 한다. 어떠한 상황이나 조건이 주어졌을 때 그것을 긍정적으로 보느냐, 부정적으로 보느냐에 따라 현실은 '機會'(기회)가 될 수도 있고 '危機'(위험한 기회)가 될 수도 있기 때문이다. 똑같은 상황이 주어졌을 때, 어떤 이에게는 좋은 기회이지만 어떤 이에게는 위험한 기회가 될 수 있다.

그래서 긍정적인 사람은 위기 속에는 기회가 숨어있다고도 하고, 위기는 위험과 기회의 줄임말이라고도 한다. 또한 부정적인 사람들은 흔히 위기 속에 절망이 숨어 있다고 생각한다. 결국 위기나 기회는 같은 것인데 마음속에 숨어 있는 긍정적이냐 부정적이냐에 따라 기회가 되기도 하고 위기가 되기도 한다는 것이다.

위기든 기회든 갑자기 나에게 오는 것은 아니다. 위기가 올 때는 어떤 단서나 그것은 일으키는 무엇인가를 나타내면서 온다. 그러므로 우리는 위기라고 느끼는 순간에는 상황판단을 정확하게 하면서 침착하게 대응하고 기회라고 판단이 될 때는 신중하게 그 기회를 잡아야 한다. 기회가 왔다고 해서 너무 자만하거나 흥분해서 일을 그르치지 말고 위기라고 해서 낙심하고 절망하여 다음 일에 대처하지 못해서는 안 될 것이다.

속담 중에 '인간만사 새옹지마'(人間萬事 塞翁之馬) 라는 말이 있다. 새옹이란 변방(塞上 : 북쪽 국경)에 사는 늙은이란 뜻인데, 회남자(淮南子)의 인간훈(人間訓)에 나오는 이야기로, 북방 국경 근방에 점을 잘 치는 늙은이가 살고 있었는데 하루는 그가 기르는 말이 아무런 까닭도 없이 도망쳐 오랑캐들이 사는 국경 너머로 가버렸다. 마을 사람들이 위로하고 동정하자 늙은이는 "이것이 또 무슨 복이 될런지 알겠소?" 하고 조금도 낙심하지 않았다.

몇 달 후 뜻밖에도 도망갔던 말이 오랑캐의 좋은 말을 한 필 끌고 돌아오자 마을 사람들이 축하해 주었다. 그러자 그 늙은이는"그것이 또 무슨 화가 되는지 알겠소?"하고 조금도 기뻐하지 않았다. 그런데 집에 좋은 말이 생기자 그 전부터 말 타기를 좋아하던 늙은이의 아들이 그 말을 타고 달리다가 말에서 떨어져 다리가 부러졌다.

마을 사람들이 아들이 병신이 된 데 대해 위로하자 늙은이는 "그것이 혹시 복이 되는지 누가 알겠소?"하고 태연한 표정을 지었다. 그런지 1년 후 오랑캐들이 대거 쳐들어왔다. 장정들이 활을 들고 싸움터에 나가 모두 전사했으나 늙은이의 아들만은 불편한 다리 때문에 출전을 안 해 부자가 모두 무사할 수 있었다 이렇게 우리 인생살이는 길흉화복이 같이 찾아오고 그런 일의 반복 속에 있다.

똑똑한 사람은 행운을 찾는 것이 아니라 직접 만든다. 절묘한 타이밍으로 서로에게 필요한 것들을 교환하는 것은 현명한 선택이다. 위기와 행운은 본질적으로 정(情) 깊은 쌍둥이와도 같다.'라고 장쓰안의 (평상심)중에 이야기 하고 있다. 이렇게 위기와 행운은 동전의 양면처럼 그리고 일란성 쌍둥이처럼 서로의 존재 속에 숨어 있다. 그러므로 우리는 위기라고 해서 절망할 필요가 없으며, 진주처럼 숨어 있는 행운을 발견하면 되고 행운이 왔다고 마냥 흥분해서 좋아하기 보다는 그 속에 감추어진 가시 같은 위기를 느껴야 한다.

편안하게 앉아 휴식하고 있을 때 행운이 찾아오는 것이 아니라는 것이다. 힘들어서 멈추고 싶을 때 조금 더 나아간다면 우승이라는 타이틀을 얻을 수 있지만 주저앉는다면 영원한 낙오자가 될 것이다. 이제 힘든 순간에 당신 호주머니에 든 행운의 동전을 떠올려 보라. 그리고 그 힘든 상황에서 포기하지 않고 한걸음만 더 떼어놓으면 시원한 휴식을 즐길 수 있다는 것을 머릿속에 그려보아라. 변화하는 현실에 가장 능동적으로 대응할 수 있는 주체성을 갖춘다면 당신은 위기 속에서 행운을 끄집어 낼 수 있는 능력을 갖추게 될 것이다.

여기 똑 같은 기회가 한사람에게는 행운이 되고 한사람에게는 위기가 된 사례가 있다.

이순신 그는 누가 뭐라 해도 세계 최고의 영웅일 것이다.

그는 누구의 정신적, 정치적, 군사적 지원이 없는 가운데 패배의식으로 팽배한 해병과 겨우 13척의 배를 가지고, 적선 300여척과의 대결에서 단 5명의 부상자만 생겼고 적군의 배를 30여척을 격침시키면서 격퇴시키고, 서해안을 통해 한양으로 가려는 왜적의 작전을 와해시켰다.

그러나 이순신 장군에게 세계에 유래 없는 성공적인 전투가 가능하게 한 것은 12척의 전선이었는데 이 12척의 배를 남겨준 배설이라는 사람이 있었다.

정유재란 당시 조정에서는 부산으로 상륙하는 적을 막기 위해, 조선 수군을 부산으로 출전하도록 독촉했다. 3도수군통제사 이순신은 출전을 거부하여 실각했고, 그 뒤를 이은 원균은 곤장까지 맞아가며, 출전을 독촉 받고 결국 어쩔 수 없이 밀려 나가게 된다.

한산도 본영에서 부산까지 출정의 길은 너무 멀었고, 중간에 안골포, 가덕도 등에 주둔하는 왜군의 후방 기습을 우려해야 하는 상황이었다. 결국 100여척의 대함대는 부산까지 갔다가 별 소득없이 돌아오던 중, 거제도 북쪽 칠천도에서 왜선 1000여척의 기습을 받고 전멸하게 된다. 그러나 이 해전이 벌어지기 전에 배설이라는 자가 미리 12척의 배를 이끌고 도망을 친 상태였기 때문에 다행히 12척은 건질 수가 있었다. 그리고 그 12척의 배가 조선 수군 재건의 발판이 되었다. 그러나 명량해전이 벌어지기 전, 배설은 또 도망갔고, 결국 전쟁이 끝난 이듬해 체포되어 처형되었다.

이순신과 배설은 같은 시기에 같은 상황에 놓여있었지만 배설은 그 상황이 무섭고 두려워 위기라고 인식하여 오직 피하려고만 생각하였다. 그러나 이순신은 오히려 그런 상황을 충분히 즐기고 기회로 만든 것이다. 기회는 이처럼 똑 같이 주어지지만 배설에게는 임진왜란이 위기가 되었으나 이순신에게는 기회가 되었던 것이다. 더욱이 기회를 행운으로 만든 이순신은 역사 속에서 존경받는 영웅이 되었고, 기회를 위기로 만든 배설은 역사에서 오명을 남기고 사형을 당했다. 이처럼 행운은 양면을 가진 동전과 같아서 잘 쓰면 행운이 되지만 잘못 쓰면 위기가 되어 인생을 위태롭게 한다.

따라서 인생에서 아주 중요한 기회가 찾아오면 이것이 행운이 될 수 있는지 위기가 될 수 있는지 충분한 고려를 한 후 행운으로 선택하여야 한다.

3 행운은 노력을 필요로 한다

행운은 누구나에게 주어지지만 그 가치의 크고 작음에 영향을 미치는 것은 바로 노력이다.

노력이라는 것은 쉽게 얻지 못하는 것에서 그 진가를 발휘한다. 힘들게 땀 흘려 얻을 수 있는 것일수록 그 결과를 되짚어 보면 땀으로 이루어져 있다는 것을 할 수 있다. 노력이 많이 들어가면 들어 갈수록 행운의 가치는 커지지만 노력이 없을수록 행운의 가치는 작아진다. 결국 행운의 가치는 노력에 비례한다는 것을 알 수 있다.

누구에게나 행운은 주어지지만 가치 있는 것으로 만드는 것은 그 상황에서 노력하는 사람의 것이다. 그래서 성공한 사람에게 있어 노력은 바로 행운과 동의어다. 그만큼 열심히 인생을 살았으니 행운도 많았고, 행운도 찾아 온 것이고 성공한 것이다. 열심히 노력해서 행운을 만든 사람의 사례가 있다.

김규환은 가난한 농부의 오대 독자로 태어났다. 그는 중학교를 졸업하고 가난때문에 고등학교에 진학하지 못하고 어머니의 약 값을 벌기 위해 서울로 무작정 상경하여 취직을 하려고 했지만 학력이 낮아서 정식직원으로 취직을 하지 못하고 대우 중공업의 사환으로 입사하게 되었다. 그는 사환으로 입사하여 매일 아침 5시에 출근하여 청소를 열심히 하였다. 한결같은 모습을 본 사장님은 그의 노력에 감동하여 정식기능공으로 승진시켜 주는 행운을 주었다. 김규환씨의 행운은 평소에 맡은 바의 일을 열심히 노력하였기 때문에 기회가 만들어 지고, 행운이 된 것이다.

그 후에도 김규환씨는 계속 5시에 출근하는 근면함을 보였고 또 한번의 행운이 찾아와 반장으로 승진하였으며 열심히 노력만 하면 행운이 찾아온다는 생각으로 더욱 열심히 노력하였다.

업무의 전문성을 높이기 위하여 시간이 나는 대로 틈틈이 비장한 각오로 공부를 시작하였다. 그래서 그는 학원을 한 번도 다녀본 적이 없이 현재 5개 국어를 한다. 외국어를 습득하기 위해 자투리 시간을 이용하여 하루에 1문장씩 외웠다. 하루에 1문장 외우기 위해 집 천장, 벽, 식탁, 화장실문, 사무실 책상 가는 곳마다 붙이고 보았다. 이렇게 하루에 1문장씩 1년, 2년 꾸준히 하니 나중엔 회사를 방문하는 바이어들에게도 설명을 할 수 있게 되었다고 한다. 어떤 때는 가공기계 개선을 위해 3달 동안 고민하다 꿈에서 해답을 얻어 해결하기도 했다고 한다.

결국 그는 지금까지 모든 일을 열심히 하다 보니 제안만도 2만 4천 6백 12건을 하였으며, 국제발명특허 62개나 받았다. 이렇게 많은 제안과 특허를 내게 된 동기는 지칠 줄 모르는 근면정신과 끊임없는 탐구정신 때문이었다.

오늘날 그가 성공하게 된 것도 모든 일을 목숨 걸고 노력하였기 때문이다. 실제로 그는 "25년간 새벽 3~4시에 일어나 남보다 더 공부하고 일한 덕택이다"라고 밝혔다. 이러한 근면성으로 인하여 수없는 행운과 행운이 찾아 들었다. 그는 지금까지 훈장 2개, 대통령 표창 4번, 발명특허대상, 장영실상을 5번 받았고 초정밀 가공분야 명장으로 추대되었다.

김규환씨의 경우를 보면 도저히 기회나 행운이 찾아올 수 없는 어려운 환경을 가지고 있었다. 그러나 최선을 다해서 모든 일에 노력을 하다 보니 자연스럽게 기회가 만들어 지게 되고 이것이 행운이 되어 오늘날 성공한 사람의 대열에 낄 수 있게 된 것이다. 따라서 기회나 행운은 결코 우연히 찾아오는 것이 아니라 열심히 노력할 때 찾아오는 것이라고 할 수 있다. 김규환씨가 행운을 직접 만들었던 것처럼 말이다.

요즘 신문이나 책 등에서 공공연하게 나오는 흙수저라는 말이 있다. 가난은 대물림 되고 부모가 못 배우면 그만큼 경제적 능력이 되지 않아 자녀교육에도 영향을 미치고 그래서 가난에서 벗어나지 못한다는 의미이다. 물론 전혀 신빙성 없는 이야기도 아니고 어쩌면 많은 부분이 맞는 이야기다. 하지만 저자는 이 말 또한 성공하지 못한 사람들의 변명이라고 생각한다.

젓갈 장사를 하면서 단칸방에서 수억원을 모아 기부하는 할머니도 있고, 노점상을 하면서 수억원을 기부하는 노부부 등 기부천사들 사례도 심심치 않게 우리는 대한다. 그분들의 땀과 노력이 만들어 낸 결과이다. 가난때문에 못 배워서 성공할 수 있는 행운이, 경제적으로 성장할 수 있는 행운이 없다는 이야기는 나중에 하도록 하자.

어떤 경우에도 노력의 댓가가 마지막 웃음을 가져다 주는 것을 막지는 못한다. 변화를 거부하는 사람은 변화 그 자체가 자신의 삶을 위협한다고 생각하면서 능동적이기를 거부한다. 노력해서 변화를 만들어라. 변화 속에서 우리는 성장을 얻게 된다.

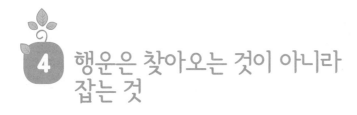

4 행운은 찾아오는 것이 아니라 잡는 것

    성공한 사람들을 멀리서 보면 언제나 좋은 행운들이 제발로 찾아 온 것처럼 보이지만 실제로 그들을 가까운 곳에서 살펴보면 행운을 잡기 위해서 남들보다 열심히 노력했기 때문에 성공한 것이다. 결국 행운은 만들어서 잡아야 하는 것이다.

    이 세상에 그 어떤 일도 가만히 있는데 그냥 주는 것은 아무 것도 없다. 배가 고픈 사람도 배가 고프다는 표현을 해야지 밥을 주고, 아픈 사람도 병원에 가야 주사를 맞을 수 있다. 좋은 직장에 취직하기 위해서는 그 직장에 맞는 조건을 갖추고 있어야 한다. 아무 것도 하지 않으면서 저절로 주어지기만을 바란다면 그것은 정말 뜻밖에 얻은 행운인 요행일 뿐이다. 그러나 행운이 와도 그 행운에 맞는 자격이나 기준을 가지고 있어야 한다. 내게 맞지 않는 행운은 행운이 아니라 고통이 되는 경우가 허다하다.

　전 정부는 정권을 인수하면서 내각을 조직하기 위해 다양한 방법을 통하여 준비된 사람들을 인선하여 장관이 될 기회를 주었다. 사람들은 장관 후보자들에게 행운이 찾아 왔다고 생각하였다. 그러나 정부가 취임도 하기 전에　낙마한 각료 후보들은 3명으로 늘어났다. 인사청문회가 기회는 주었지만 행운으로 까지는 연결시켜주지 않았던 것이다. 대통령이 선택한 인물들은 자신들에게 온 기회를 잡기위해서 준비를 했지만 장관이라는 행운에 부족한 사람들이었기 때문에 중도 탈락을 한 것이다. 이처럼 행운이 자연스럽게 찾아오기 위해서는 그 자리에 알맞은 자격을 갖추기 위해 노력해야 하며 또한 그것을 잡기 위해서도 노력해야 한다는 것이다.

　이처럼 행운이 찾아오는 것이 쉽지 않음에도 불구하고 모든 사람들은 그것이 찾아오기만을 바라고 있지 정작 찾아 나서는 사람은 없다. 행운이 찾아오지 않는 데에는 그럴 만한 이유가 있으며 찾아오게 하려면 최소한 선택하거나 움켜쥐려는 준비를 해야 한다. 그런데 그런 준비도 안하고 만들려고 하다 보니 문제가 되는 것이다. 따라서 행운을 선택하거나 움켜쥐려면 모든 가능성에 자신을 열어 두고 새로운 것을 배척하지 않겠다는 마음으로 준비해야 한다.

　행운이 우연히 찾아오는 것이라고 우연만을 믿는 사람은 준비를 하는 사람을 비웃기도 한다. 그러나 준비를 하는 사람은 우연 따위에는 신경을 쓰지 않는다. 행운을 맞이할 준비는 자기 자신밖에 할 수 없기 때문이다. 준비는 누구나 당장 시작할 수 있다. 그러나 이러한 준비도 없이 행운을 기다린다는 것은 행운을 너무 우습게 보는 것이다.

행운은 절대로 우연히 찾아오지 않는다. 무언가를 준비하는 사람의 몫이기 때문이다. 아무리 좋은 기회가 눈앞에 다가 오더라도 그것을 자신의 손을 이용해 움켜쥘 수 있어야 행운이 되는 것이다.

행운은 준비하지 않는 사람에게는 그냥 스쳐 지나가는 바람 같은 것이다. 목마른 사람이 비오는 날 두 손으로 빗물을 움켜쥐는 것이나 다를 바 없으며, 샘을 파지 않고 물을 기다리는 것은 그냥 땅 속으로 스며드는 물을 바라보면서 갈증해소를 못하는 사람이다.

진정 목이 마르다면 우물을 팔 것이고 우물을 팔 여건이 되지 않는다면 주변에 있는 물을 받거나 모을 수 있는 무엇인가를 이용해서 비 오는 날 물을 받아 둘 준비를 하고 행동을 해야 한다는 것을 안다. 이렇듯 행동하고 능동적인 사람은 지금 하고 있는 일에 전념하며 마지막 까지 최선을 다하면서 능동적으로 행운이 찾아 올 물꼬를 만들어 가는 것이다.

4 행운은 대담한 사람 것이다

위기를 행운으로 만든 사람들을 보면 소심한 사람들보다는 대담한 사람들이 많다. 할랭이란 사람은 자기가 원하는 목표를 향하여 대담하게 행동하면 두 손 놓고 있는 것보다는 실패가 오히려 일보전진하게 된다고 하였다. 할랭의 말처럼 때때로 우리는 인생에서 쉽지 않은 큰 결단을 내려 대담하게 행동하게 되면 오히려 그것이 행운을 가져와 성공하게 될 때가 있다. 대담해지면 자신감도 생기면서 행동도 대담해지다 보니 위기가 행운으로 바뀌기도 한다.

독일을 통일시킨 프로이센의 프리드리히 대왕은 프로이센의 왕자로 태어났지만 매우 불행하게 성장하였다. 자신을 군인으로 키우려고 스파르타식 교육을 강행한 부왕과 사이가 좋지 않아 영국으로 탈출하려 계획했으나 실패하여 감옥에 감금되기도 했다. 그는 출옥 후 부왕인 프리드리히 1세와 화해하고, 32세에 대령이 되었지만 원하지 않는 결혼으로 우울한 나날을 보냈다.

그러나 부왕 프리드리히 1세가 죽은 뒤 왕위에 오르고, 약 10년 동안 많은 치적을 쌓았다. 그 중 대표적인 업적이 바로 오스트리아와 벌인 7년 전쟁의 성공이었다. 당시 프로이센은 오스트리아가 침략하려 한다는 정보를 입수하고 혼란에 빠졌다. 가만히 있으면 군사력이 강한 오스트리아에게 패배할 것이라고 생각하였기 때문이다.

프리드리히 대왕은 두배나 많은 오스트리아 군을 이기기 위해서는 무조건 선제 공격을 하는 수 밖에 없다고 생각하였다. 프리드리히 군은 오스트리아 군이 보이기만 하면 무조건 어디서든지 공격을 하였다. 오스트리아 군은 두배나 많은 군사와 장비를 보유하고 있으면서도 매번 공격을 받다 보니 제대로 공격할 기회조차 갖지 못하였다. 반면에 프리드리히 군대는 군사력의 열세에도 불구하고 이길 수 있는 기회가 생겨 승리를 할 수 있게 되었으며, 전투의 승리는 군인의 숫자로 결정되는 것이 아니라는 것도 증명이 되었다.

프리드리히 대왕은 7년 전쟁 동안 군사력과 장비는 열세했고 비록 소규모 전투에서 패배한 적은 있으나 모든 중요한 싸움에서는 승리하여, 가장 위대한 장군들 중의 한명으로 유럽의 역사에 기록됐다. 전쟁의 영웅인 나폴레옹도 프리드리히 대왕의 전투를 가리켜 대담한 결단이 만들어 낸 걸작품이라고 평가하고 있다.

만약 프리드리히 대왕이 상대방이 강하다고 해서 가만히 앉아서 오스트리아 군을 기다렸다면 프로이센은 물론 오늘날의 독일도 역사 속에서 사라졌을 것이다. 그러나 프리드리히 대왕은 수적으로 열세에 놓인 프로이센에게는 앞날이 없다는 판단하에, 이길수 있는 기회를 만들어야 한다고 생각하여, 방어보다는 먼저 대담하게 선제 공격을 하여 승리할 수 있는 것이 좋다고 결정하였다.

결국 프리드리히 대왕은 오스트리아 군이 가진 우세한 전승의 기회를 뺏어 버리고, 자기의 행운으로 만들어 버린 것이다. 우리는 여기서 행운은 대담한 사람 편으로 옮아가게 된다는 것을 알 수 있다. 그래서 프리드리히 대왕의 좌우명은 '대담하게, 대담하게, 언제나 대담하게!'가 되었다.

"패배는 있을 수 있다, 그러나 영원한 패배는 없다, 쓰러진 후에 다시 일어서면 내게는 싸워서 이길 수 있는 행운이 여전히 존재 한다. 싸움에서 졌더라도 포기하지 않고 다시 도전하면 나는 이길 수 있는 행운을 다시 갖게 되는 것이다." 전 세계 챔피언 홀리필드는 이렇게 오뚝이처럼 용기로 일어설 수 있는 사람만이 행운을 갖게 된다고 하였다. 이렇게 현실 판단을 냉정하게 하고 앞으로 나아갈 방향을 바라볼 수 있는 능력은 대담하고 용기 있는 사람이다. 대담한 사람을 알아볼 수 있는 것은 큰 위험이나 위기 속에 있을 때이다. 얼만큼 냉정하게 현실을 바로 보고 판단할 수 있는지 알기 때문이다.

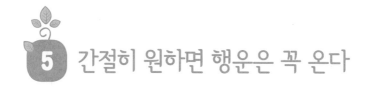

5 간절히 원하면 행운은 꼭 온다

사람은 누구나 평등하다는 말을 한다. 행운의 기회가 균등하게 주어진다는 것이다. 그러나 어떤 사람에게는 행운이 나타나고 어떤 사람에게는 나타나지 않는 이유는 무엇일까? 그것은 바로 행운을 간절히 원하느냐와 원하지 않느냐에 따라서도 달라질 수 있다. 간절히 원하는 사람들에게는 행운이 보이고, 그렇지 않은 사람에게는 잘 안 보이는 법이다.

맥아더 장군은 일본군을 물리치기 위하여 함대를 이끌고 공격하였지만 일본군들은 1942년부터 거대한 인맥과 물자를 투입해 호주 북부에서 필리핀에 이르는 솔로몬 제도를 요새화하고 공격에 대비했다. 섬을 요새화하여 숨어 있는 일본군을 찾아내서 공격을 하는데 아군의 피해가 막심하였다.

맥아더 장군은 섬을 공격하기만 하면 아군의 피해가 심해서 섬을 공격하지도 못하고 그렇다고 공격을 멈출 수 있는 상황도 아니었다. 섬을 탈환하고 싶었지만 그렇게 할 수 없는 자신이 한없이 작아보였다. 그러나 맥아더 장군은 섬을 점령하고 싶은 생각이 굴뚝같아서, 기도도 올리고 이 난관을 어떻게 극복하면 좋을까를 여러 밤을 지새우면서 간절히 원했다. 그는 섬을 탈환해야 한다는 강한 신념을 갖다보니 방법이 보이기 시작하였다. 그것은 직접 섬을 공격하기 보다는 섬으로 통하는 물품 보급로를 차단하면 적을 고립시켜서 결국은 이길 수 있다는 것을 알게 되어 작전에 옮겼다. 이것을 일명 우회작전이라고 한다.

그래서 그의 간절한 원함은 결국 공격하지 않고도 이길 수 있는 행운을 준 것이다. 이 일화에서 말하고자 하는 것은 긍정적인 생각과 간절한 믿음이 만났을 때 강력한 힘을 발휘한다는 것이다.

미래의 삶을 창조하는 원동력이 당신 안에 있다는 믿음은 원하는 것을 실제로 이루어지게 하는 창조력을 지닌다. 이 강력한 법칙의 힘은 잘못된 사례들을 생각해보면 더 쉽게 이해된다. '난 안돼', '난 할 수 없어'라는 부정적인 생각은 결국 그 사람이 원하지 않던 일을 끌어당기는 셈이다. 누구라도 일이 계속 꼬이는 상황이나 시기를 보낸 적이 있을 것이다. 이런 연쇄반응은 당신이 인식했던 못했던, 고작 생각 하나에서 비롯된 것이다. 나쁜 생각 하나가 그와 같은 생각을 더 끌어당기고, 거기에 갇혀서 결국 나쁜 일이 벌어지고 만 것이다.

그러나 '나는 행운이 오고 말거야', '난 꼭 행복해질거야'라는 생각을 지속적으로 갖게 되면 결국은 행운이나 행복을 끌어 당기에 되는 것이다. 간절히 원하는 것이 있다면 종이에 적어서 벽에 붙여놓고 간절히 원해보자. 그러면 그것은 나의 힘이 되고, 결국은 내가 원하는 행운이 찾아오게 된다.

이러한 행운은 사람을 차별하고 찾아오는 것이 아니라 누구나에게나 똑같이 찾아온다. 다만 차이는 간절히 원하느냐, 아니면 대충원하느냐의 차이이다. 따라서 진실로 행운이 찾아오기를 바란다면 간절히 구해보라. 그럼 바로 행운은 찾아온다.

제3장

행운은 선택하는 것이다

선택을 잘 해야 행운이 온다

사람의 인생은 수많은 선택의 결과로 만들어 진 것이다. 어떤 교육을 선택하느냐?, 어떤 배우자를 선택하느냐?, 어떤 직장을 선택하느냐?, 어떤 진로를 선택 하느냐?와 같이 인생의 기로를 결정하는 선택도 있으며, 무얼 할까? 무얼 먹을까? 누구를 만날까? 등의 작은 선택에 이르기까지 매 순간 선택의 연속이다. 그리고 그 선택에 의해 지금의 모습이 결정된 것이다. 그러므로 선택을 잘 하는 사람이 성공적인 삶을 살게 되는 것이다. 평범한 일상도 선택을 잘하면 성공하는데 행운을 잘 선택하는 것은 일생일대의 커다란 변화를 주는 중요한 사건이기도 하다.

급변하는 시대에 맞추어 매 순간 선택을 해야 하는 현실에서 선택은 상상할 수 없는 많은 상황의 변수를 가져온다. 쉬운 예로 우리가 마트를 가보면 예전에는 소품종 다량생산으로 선택의 폭이 좁았지만 요즘은 다품종 소량생산으로 많은 종류의 비슷한 것 속에서 필요한 것을 골라내어야 하는 것이다.

이렇듯 우리가 생활하는 생필품에서도 선택을 잘 못하면 그 제품을 다 사용할 때까지 속상하거나 아니면 선택한 제품의 품질이 다른 제품보다 우수하면 다음에 또 구입을 해야지 라는 생각을 하는데 하물며 그것보다 훨씬 중요한 인생에서 선택은 되돌릴 수 없는 시간 속에 있으므로 신중에 신중을 더해서 선택을 해야 하는 것이다. 그렇게 선택을 해서 얻은 행운은 또한 선택해서 만들어진 것이고 누구에게나 똑같게 적용 되는 것이 아니기에 자신만의 소중한 행운으로 만들고 인생의 소중한 장으로 만들어 가야 할 것이다.

똑같은 시간 속에서 매 순간 하는 선택이 당신에게 빛이 되어 주기도 하고 빛이 아니라 그림자가 되기도 한다는 것을 기억하라. 행운은 이렇게 빛과 그림자 같은 것이다. 남들이 쫓아 갈 수 있는 빛 같은 존재의 행운을 만드느냐 아니면 다른 사람들의 흔적을 좇아 가는 그림자 같은 존재가 되느냐는 탁월한 선택을 할 수 있는 사람의 몫이다.

오늘날 라면으로 국내 기업 중 41위를 차지하는 농심의 신춘호 회장은 30대 중반을 넘어 형들과 함께 사업에 뛰어들어 신격호 회장이 경영하던 일본 (주)롯데 이사로 재직 하였다. 신춘호 회장은 독립하여 형의 그늘에서 벗어나려고 하였다.

첫 번째로 선택한 것은 TV 제조업이었는데 일본 사람들이 전후에 TV 구매가 증가함에 따라 한국에 TV공장을 차리려고 하였다. 그러나 일본 협력업체인 마쓰시타 전기 측은 서울에 와서 공장 부지를 둘러보더니 입지조건이 좋지 않다며 난색을 표해 포기하게 되었다.

두 번째로는 당시 한창 수요가 늘어나고 있던 시계 조립공장을 세우려고 했다. 일본 시티즌사와 기술제휴를 하고 당시 상공부의 사업 승인을 받아 공장까지 일부 지었다. 그러나 결국 정부의 외환사정 때문에 시계 산업도 수포로 돌아갔다.

신춘호 회장은 여러 번의 사업계획이 수포로 돌아갔음에도 불구하고 마지막으로 선택한 것이 라면사업이다. 당시 일본에서 한창 인기를 끌고 있었기에 한국에서 라면을 생산하면 부족한 먹거리를 채울 수 있을 것이라는 생각에서 였다.

그러나 형인 신격호 회장은 만류했고 그럼에도 불구하고 행운을 가져올 기회라 생각하여 라면 사업에 뛰어 들었다. 당시 한국에 유통되고 있던 대표적인 라면은 삼양라면 · 풍년라면 · 닭표라면 · 해표라면 · 아리랑라면 · 해피라면 · 스타라면 등으로 7개 업체가 이미 각축전을 벌이고 있었기 때문에 포화상태였다.

결국 그는 극히 초보적인 식품 서적 몇 권과 여기저기서 귀동냥한 노하우, 자신이 일본 라면공장을 방문해 보고 온 제조과정을 가지고 사업을 시작했다. 이후 농심은 '소고기라면→짜장라면→너구리→안성탕면→신라면'이 고비 때마다 히트하는 행운을 얻어 현재의 농심을 일구는 밑거름이 되었다.

행운은 누구에게나 오는 것이지만 효과가 큰 행운을 만들 것인가 효과가 없는 행운을 만들 것인가를 선택하는 것은 온전히 자신의 몫이다. 또한 제대로 선택해서 좋은 행운이 될 수도 있지만, 잘못 선택해서 위기가 되기도 한다. 이처럼 행운이나 위기마저도 선택에 의해서 결정되는 것이다. 그러나 선택이 없다면 좋은 행운이나 위험한 행운을 경험할 기회마저도 없게 된다. 뿐만 아니라 아무리 좋은 행운이라도 선택하지 않으면 그것은 행운이 아니게 된다.

따라서 자신이 선택한 한 번의 행운이 자신의 인생을 바꾸고 성공으로 이끄는 작용을 하기도 하지만, 자신의 인생을 절망으로 이끄는 작용을 하기도 한다. 이 세상에 성공한 사람들이 결코 우리보다 많은 것을 가지고 있는 것은 아닌 것 같은데 성공한 이유를 보면 기회가 왔을 때 현명한 선택을 하였고 그 기회를 충분히 활용했다는 것이다.

신회장도 여러 번의 선택이 수포로 돌아갔다. 그렇지만 불굴의 뚝심으로 국내 라면 시장에서 후발 업체로 참여하여 최고의 기업을 만들겠다는 선택을 한 것이다. 만약 신회장이 라면 시장에 진입하는 선택을 하지 않았다면 아마도 형인 신격호회장 회사의 임원이 되어 있을 것이다. 그러나 기회를 잘 선택해서 그것을 행운으로 만들어 우리나라 최고의 식품회사로 성장하게 되었다.

이처럼 인생에서 행운의 선택은 중요하다. 행운은 모든 사람에게 평등하게 주어지지만 어떻게 선택하느냐에 따라서 성공하기도 하고 실패하기도 한다. 따라서 행운에 대한 선택을 잘하려면 행운이 행운인지를 정확히 파악하는 예리한 통찰력을 가지고 잘 발견하고 그것을 잘 선택해야 한다.

오늘 좀 편안하게 갈 수 있는 길이 있다고 해도 옆의 거친 가시덤불을 외면하지 말라. 그 가시덤불을 헤치고 나면 고속도로 같은 큰 행운이 당신을 기다리고 있을지 모른다. 항상 역발상의 생각으로 당신에게 주어진 선택의 기로를 생각하고 선택해 보아라. 새로운 세계는 평범한 세계 뒤에 있다. 앞만 보고 선택하지 말고 그 뒷모습까지 생각하고 행운을 선택하기 바란다.

2 선택에는 반드시 대가가 따른다

행운에 대한 선택은 반드시 결과가 있다. 잘하게 되면 좋은 일이 생기는 결과가 오지만 선택을 잘못하게 되면 나쁜 결과를 초래한다. 결국 행운의 선택은 인류의 역사에도 지대한 영향을 끼친다.

현명한 선택이 나라를 부강하게 하고 성장하게 하지만 잘못된 선택은 역사 속에서 몰락하게도 만든다. 그러므로 반드시 선택에 따른 결과는 본인이 책임을 져야 한다. 이 말은 신중해야 한다는 말이고 또한 선택 이후에 나오는 결과가 만족이든 불만족이든 받아들여야 한다는 것이다.

만족스럽지 못한 결과가 나와도 그것은 본인의 선택에 대한 결과이므로 옳지 않다고 해서 내 것이 되지 않는 것은 아니다 . 그러므로 신중한 선택과 그 결과가 비록 내가 원하는 것이 아니더라도 책임을

지고 받아들여야 한다는 것이다.

　세계 역사 속에는 역사를 바꾼 수많은 선택들이 있었지만 그 중에서 오스만 투르크 제국의 마지막 황제의 선택은 최악의 선택이었다.

　역사 속에 오스만 투르크에 대해서는 잘 알지 못하는 사람들이 많다. 서양의 사관으로 역사가 기록되었기 때문에 서양의 위협이었던 오스만 투르크는 알려지기가 어려웠다. 그러나 오스만 투르크는 한 때 북쪽으로는 스페인과 그리스는 물론이고 동로마 제국을 멸망시키고, 동쪽으로는 이집트와 지금의 사우디아라비아 지방까지 지배할 정도고 강대한 제국을 형성하고 있었다.

　그러나 오스만 제국의 멸망 이유는 개혁의 실패도, 왕권의 약화도 아니었다. 그것은 바로 잘못된 선택에 있었다. 1914년 6월, 사라예보에서 오스트리아 황태자가 살해 당하는 사건이 발생했고, 이를 계기로 오스트리아가 세르비아에게 선전포고를, 세르비아의 동맹국이었던 러시아 제국이 오스트리아에게 선전포고를 하였다.

　동맹관계에 따라 프랑스, 러시아, 영국 등 삼국 협상과 독일을 중심으로 이루어진 삼국 동맹 사이에 전쟁이 일어나니, 이것이 바로 제1차 세계대전이다. 온 유럽이 전쟁터가 되었다. 오스만 투르크 제국은 어느 나라편을 들어야 할지 선택 해야만 했다. 당시 술탄(황제)였던 메흐메드 6세와 실권을 가진 엔베르 장군은 잃었던 영토를 다시 되찾고자 동맹 측을 선택하였다. 그러나 전쟁은 협상국의 승리로 끝나고 협상국은 패전국인 오스만 투르크 제국의 영토를 마음대로 배분하여 점령하였고, 독립을 시켜 버렸다.

이에 불만을 가진 오스만 투르크 제국의 장군이었던 케말 파샤[케말 무스타파, 아타튀르크(터키의 위대한 아버지)라고도 부른다.]라는 위대한 군인이 등장하게 된다. 그는 오스만 투르크 제국의 영토를 지키고 민족의 생존을 위하여, 독립전쟁을 일으켜 서구 열강을 물리쳤다. 정권을 잡은 케말 파샤는 오스만 투르크 제국의 마지막 비운의 황제였던 술탄 메흐메드 6세를 몰아아내고, 술탄제를 폐지하였다.

케말 파샤는 오스만 투르크 제국의 잿더미 속에서 새롭게 터키 공화국을 탄생시켰지만 오스만 투르크 제국이 가지고 있던 식민지는 서구 열강들에 의하여 독립되었으며 오늘날의 중동과 러시아 연방과 유럽이 되었다. 이로 인해서 이스라엘과의 중동 전쟁과 석유권을 갖기 위한 미국을 대상으로 하는 이슬람 세계의 저항이 시작되었다.

결국 메흐메드 6세는 한번의 잘못된 선택으로 600년 동안 유럽과 중동지방을 평정하고 세계의 문화유산을 꽃 피우게 한 오스만 투르크 제국을 역사 속으로 사라지게 만들었다.

이처럼 선택에는 그에 상당하는 대가가 따른다. 오스만 투르크 제국의 한번의 잘못된 선택이 거대한 제국을 역사 속으로 사라지게 하는 대가를 지불하기도 했지만 케말 무스타파의 선택은 오늘날의 터키를 건설하는 대가를 얻은 것이다.

선택이 잘못되어 결과가 원하는 대로 나오지 않는다고 해도 그

터키를 세운 터키의 아버지 케말 파샤

것은 본인이 선택한 것이므로 받아들이고 실수가 반복되지 않도록, 원하는 결과를 얻는 단단한 반석으로 만들어야 할 것이다. 누구나 본인이 하는 일에 대해서 선택의 결과가 항상 좋게 나올 수도 없고 또한 하는 일이 매번 나쁜 결과를 가져오는 것도 아니다. 또한 선택은 잘못되었다 하여도 결과는 의외로 잘 나오는 경우도 있다. 그러므로 자신이 선택한 결과에 대해 그 대가는 당연하게 치러야 하는 의식 같은 것이다. 때로 잘못된 결과에 후회만 가득한 시간을 보내는 경우가 있다. 하지만 그 후회가 어떤 의미가 있겠는가? 인생에서 시간 낭비일 뿐이다. 선택에 대한 대가가 두려워 삶의 열정도 용기도 묻어두고 살아가는 것에 익숙해진다면 성숙한 삶으로 가는 길과는 반대의 길로 돌아서게 되는 것이다. 우리의 삶이 한치 앞도 내다 볼 수 없는 삶이기에 어떤 순간에도 포기하지 말 것이며 또한 나오지 않은 결과를 걱정하고 두려워할 필요는 없다.

마지막 결과가 나왔을 때 잘못된 것은 바로 잡아도 되고 수정해도 된다면 버려야 할 것은 그때 과감하게 버려도 될 것이다. 선택의 순간에 우리는 좀 더 단순해 질 필요가 있다. 선택을 위한 기로에서 작게는 2~3가지 기로에 서기도 하고 많게는 5~6가지 기로에서 갈팡질팡 하고 있다. 이럴 때 어떤 결과가 나올지에 얽매이지 말고 이 일을 하면서 내가 최선을 다 할 수 있는지 고민하고 내가 최선을 다 할 때 얼마만큼 행복해질 수 있는지 생각하고 일을 진행한다면 원하지 않는 결과가 나왔을 때도 결과보다 과정에 좀 더 만족을 할 수 도 있을 것이다. 그리고 그 결과를 받아들이고 두 번째 선택에서는 앞과 같은 선택을 하지 않고 좀 더 나은 방법을 찾아 볼 것이다. 선택에 대한 대가를 이런 식으로 받아들인다면 원치 않는 결과에 대해서도 시행착오라는 이름으로 책임지고 받아들이고 다시 도전하는 기회로 삼을 수 있다.

선택을 할 때는 결과에 대한 책임을 생각하고 그 결과까지도 받아 들여야 할 것이다. 이렇게 결과까지 생각하면서 선택을 한다면 좀 더 신중한 선택을 할 것이고 매 순간 좀 더 나은 결과를 만들기 위해 최선의 노력을 할 것이다. 더 나은 선택을 하기 위하여 현재의 자신의 위치를 정확하게 파악하고 객관적인 시각으로 현실인식을 하고 자기존재를 바로 보면서 변화를 끌어안고 파악하여 선택에 대한 확신을 만들어 가야 할 것이다. 자신이 좋아서 선택한 일을 진행하면서 위기가 올 때마다 처음 그 일을 시작할 때의 마음으로 일을 처리한다면 그 위기는 잘 넘길 것이고 결과에 대한 대가도 충분히 받아들일 수 있을 것이다.

3 행운은 기회비용이 적어야 한다

우리는 살아가면서 하고 싶은 것과 갖고 싶은 것을 선택해야 하는 문제에 항상 부딪히게 마련이다. 모든 것을 다 선택할 수 있다면 좋겠지만 시간과 자원이 한정되어 있기 때문에 어떤 것을 선택하게 되면 분명히 다른 한 가지는 포기해야 한다. 따라서 어떤 것이 중요하고 바람직한가를 잘 따져서 선택해야 결과를 크게 얻을 수 있다.

결국 어떤 것을 선택했다는 것은 대안들 가운데 다른 어떤 것은 포기했다는 것을 의미하는데, 이는 선택에는 늘 대가가 따른다는 것으로 이러한 선택의 대가, 이것을 '기회비용(opportunity cost)'이라고 한다.

포기하는 것 중에서 제일 아쉬운 것의 가치 즉, 선택한 것의 기회비용이란 포기한 여러 대안들 가운데 가장 값어치가 높은 것의 가치를 뜻한다.

여기서 주의할 점은 기회비용이 포기한 모든 것들의 가치를 다 더한 것이 아니라, 포기한 여러 대안들 가운데 가장 아쉽고 아까운 것의 가치라는 사실이다. 이러한 기회비용은 사람마다 상대적이기 때문에 똑같은 선택기회에 대해 사람마다 다른 선택을 하는 것이다.

예를 들어 갑자기 복권이 당첨되어 A와 B에게 1000만원의 목돈이 들어왔다고 가정할 경우 A는 레저에 관심이 있어 그동안 갖고 싶었던 자동차와 컴퓨터를 놓고 고민하다가 자동차를 구입하였다. 반면에 B는 사업에 관심을 가지고 있었기 때문에 자동차와 컴퓨터를 놓고 고민하다가 업무에 바로 필요한 컴퓨터를 선택하였다. 이 때 A에게는 컴퓨터와 B에게는 자동차가 기회비용이 되는 것이다. A에게는 컴퓨터보다는 자동차가 더욱 가치가 있는 것이었고, B에게는 자동차보다는 컴퓨터가 더욱 가치가 높았기 때문이다.

이처럼 사람들은 기회비용이 적은 것을 선택하게 되는데 선택의 결과가 다른 이유는 기회비용이 상대적으로 다르기 때문에 둘 다 같은 것을 선택하는 것이 아니라 다른 선택을 하게 되는 것이다.

어떤 자원을 선택하여 좋은 효과를 얻기 위해서 고려해야 하는 합리적 선택 방법은, 최소비용의 원칙과 최대효과의 원칙을 고려하는 것이다. 최소비용의 원칙은 우리가 얻고자 하는 결과를 얻기 위하여 지불해야 하는 대가 또는 비용은 최소여야 한다는 것을 말한다. 그에

반해 최대효과의 원칙은 정해진 대가와 비용이 한정되어 있다면, 그 대가 또는 비용으로 최대의 효과를 얻을 수 있어야 한다는 것을 의미한다. 이를 우리는 효율성의 법칙이라고도 한다. 따라서 합리적 선택이란 최소비용을 들여 최대의 효과의 얻으려고 하면 최선의 선택이 되는 것이다.

4 행운은 여러 번 온다

우리는 가끔 한번의 선택이 평생을 좌우하게 된다는 말을 자주 하게 된다. 그러나 인생에서 행운은 한번 뿐이 아니다. 아무리 잘못된 선택을 하더라도 나중에 더 나은 선택을 하게 되면 오히려 전화위복이 될 수 있다. 그러나 처음의 선택이 잘되어 있다고 해도 변수를 고려한 선택의 수정을 하지 않는다면 오히려 나중에는 그것이 잘못된 선택이 될 수도 있다는 생각을 가져야 한다.

이것은 삶이 수많은 선택의 연속이고, 지금의 선택도 그 중 하나에 불과한 것이다. 그러므로 한번 잘못 선택 한 것에 대하여 너무 마음 아파할 필요는 없는 것이다.

티무르 제국을 건설한 티무르는 기회를 포착하여 행운을 잘 선택할 줄 아는 사람이었다. 칭기즈칸의 아들 차가타이가 지금의 우즈베키스탄 지역에 정착하여 차가타이 한국을 세웠는데 티무르는 여기서 성장했다. 당시 통치자 아미르 카즈간이 1357년에 암살된 후 무정부 상태에서 티무르는 스스로를 징기스칸의 직계 후예라 칭하고 군사를 모아 정권을 차지하려 하였다. 그러나 카슈가르의 칸 투글루크 테뮈르가 대군을 이끌고 침략함에 따라 티무르는 아직 때가 아니라고 생각하여 야심을 감추고 정복자인 투글루크 테뮈르에게 티무르는 충성을 맹세했다.

투글루크 테뮈르는 티무르의 능력을 높이 사 자신의 아들을 지방의 총독으로 보내고 티무르를 자문대신으로 임명하였다. 티무르는 기회를 한번 포기했지만 또한번의 기회가 찾아 온 것이다. 티무르는 자신에게 언젠가는 행운이 올 것이라 생각하고 현재의 상태에 만족하지 않고 세력을 규합하면서 기회를 노렸다.

어느 정도 자신감을 가진 티무르는 투글루크 테뮈르에 도전장을 던지고 반란을 일으켰다. 결국 투글루크 테뮈르는 전쟁 중에 병사하게 되고 영토를 장악하였다. 티무르는 여러번의 행운을 이용해 이어 페르시아를 공략하고 오스만 투르크 제국도 정벌하여 중동의 맹주로 등장하였다. 티무르는 60세가 되어 인도를 공격하여 델리를 점령하기도 하였다.

그러나 늙은 티무르는 가슴 속에 웅대한 야심을 가졌기에 자신의 영토에서 머물지 않았다. 칭기스칸 일족을 몰아내고 한족의 왕조를 세워 국력의 절정에 오른 명나라를 정복할 생각이었다. 결국 티무르는 중동에서부터 먼거리에 있던 명나라를 정복하기 위하여 출정하였다가 도중에 71세의 나이로 병사하게 된다.

티무르는 일찍이 혼란한 차가타이 한국에서 정권을 잡을 수 있는 기회가 있었지만 더욱 강한 투글루크 테뮈르에게 자리를 넘기고 행운을 기다리다 티무르 제국을 건설할 수 있었다. 티무르가 일찍 차가타이 한국에서 정권을 잡았다면 그는 차가타이 한국의 칸으로 밖에는 기억되지 않았을 것이다. 그러나 그는 적당한 기회와 행운을 만들어 수많은 나라들과 정복 전쟁을 벌이면서 승리를 한 것이다. 마지막으로 명나라를 점령하여 세계적인 영토를 가지려는 야망은 행운이 아닌데 억지로 만들어 내게 됨에 따라 오히려 자신이 병들어 명을 단축하는 원인이 되었고 그가 죽은 후 티무르는 급격하게 위축되는 계기가 되었다.

이처럼 행운은 여러 차례 오는 것이며, 너무 행운에 대한 욕심을 내게 되면 오히려 그것이 자신을 해치는 원인이 될 수 있다는 것을 역사는 알려주고 있다. 하나의 문제를 해결하고 그 속에서 행운을 보고 또한 자신의 기준과 표준을 만들어 엄격하게 지키면서 원칙을 만들어 적용한다면 때론 포기해야 하는 것에 대해서도 배우게 될 것이다. 한 번의 행운만이 존재하는 것이 아니므로 욕심인지 아닌지 파악하여 자신을 돌아보는 시간도 필요하다.

4 행운은 기다려주지 않는다

미래학자 엘빈 토플러는 지구촌은 이제 강자와 약자 대신 빠른 자와 느린 자로 구분될 것이라고 했으며 포드사의 도널드 패터슨 회장은 성공하는 기업과 낙오하는 기업을 구분하는 가장 중요한 척도는 시간에 대한 패러다임이라고 말했다. 20세기 기업의 패러다임이 '좋은 물건을 싸게'였다면 21세기는 '새로운 것을 빨리'로 바뀌게 되었다.

이제 누구도 거부할 수 없는 지금은 'Speed'시대가 되어 버린 것이다. 차와 사람, 컴퓨터, 기업 등 무엇이든 빨리 움직이고 빨리 받아들이고 더 빨리 움직여야만 대접받는 시대가 되었다. 한국인의 전통적인 느림과 여유의 미덕은 사라지고 빠름과 재촉이 지배하는 시대 속에서도 변화는 끊임없이 이뤄지고 있다.

하다못해 사람의 즐거움 중의 하나인 음식분야에서도 패스트푸드(fast food)가 우리의 식탁에 자리를 잡아가고 있다. 패스트푸드(fast food)는 생산량과 속도를 최고로 하는 현대사회를 상징하는 것 중의 하나가 되어 버렸고 우리의 삶의 구조에서 시간을 아껴서 살라는 교훈을 주고 있는 것이다.

'최초'는 말 그대로 이전까지 아무도 하지 못한 그 무엇을 이룬 '퍼스트'인 셈이다. 그러나 '최초'는 엄청난 노력도 중요하지만 무엇보다 선택이 빨라야 한다. 1등과 2등은 등급 상으론 바로 밑의 레벨이지만 2등은 최고가 아니라는 이유로 1등의 그림자에 가려 보이지 않게 마련이다. 역사 속에는 이런 일들이 비일비재하다.

1876년 2월 14일 벨은 조수인 왓슨과 함께 사람 목소리를 전할 수 있는 기계를 발명하는 데 성공한다. 그러나 벨과 거의 비슷한 시기에 전화기를 발명한 또 다른 천재 과학자가 있었는데, 이젠 누구도 그 이름조차 기억하지 못하는 엘리셔 그레이가 있다. 그도 1876년 2월 14일 오후, 자신이 개발한 전화기를 등록하기 위해 특허국을 방문했다. 그레이엄 벨이 전화 특허를 신청한 것도 바로 그날 오전이다. 불과 1-2시간 차이였다. 하지만 그레이는 전화의 실용적 가능성에 대해서 그리 심각하게 생각하지 않았고, 발명 특허권 보호 신청을 낸 뒤 한가하게도 자신의 재정적인 후원자와 곧 있을 박람회 문제를 협의하기 위해 필라델피아로 떠났다. 그레이는 벨이 사용한 가죽막 보다 더욱 효율적이었던 금속 진동막을 이용해서 음성을 전달했기 때문에 기능면에서는 그레이의 특허품이 벨의 특허품에 비해서 우수했다. 그러나 불과 몇 시간 차이로 그레이가 아닌 벨이 전화기 특허를 받게 된 것이다. 안타깝게도 엘리셔 그레이는 벨보다 더 많은 노력과 시간을 들여 더 좋은 제품을 발명했지만 결국 시간에 졌기 때문에 최고가 되지 못했으며 역사 속에서 누구도 그를 알아주는 사람이 없게 된 것이다.

엘리셔 그레이는 그레이엄 벨보다 더 좋은 전화기를 먼저 발명하는 행운을 가졌으면서도 불구하고 특허를 내야 하는 선택을 불과 1-2시간 늦게 해서 지금은 아무도 알아주지 않는 사람이 되었다. 반면에 그레이엄 벨은 조금 늦게 전화기를 발명했지만 선택을 빨리 했기 때문에 전화기 하면 그레이엄 벨을 기억하게 된 것이다.

이처럼 똑같이 주어지는 행운인데도 불구하고 누가 빨리 그 행운을 선택하느냐에 따라서 역사 속에 남느냐, 남지 않느냐가 결정이 된다. 또한 한번 선택하는 행운을 놓치게 되면 그것을 따라 잡거나 만회하기에는 상당한 어려움과 시간이 걸린다는 것을 명심해야 한다.

오늘 내가 필요하다고 생각하면 내일 바로 상품화 되는 시대가 왔다. 어쩌면 내가 필요하다고 생각했는데 이미 나와 있는 경우도 많다. 세상은 이처럼 생각할 시간마저도 주지 않고 빠르게 변하고 있는 것이다. 스피드야 말로 21세기 생존조건이며 완벽한 것을 만들기 위해 시간을 두고 준비하는 것보다 다소 조금 부족함이 있어도 신속하게 움직여 움직임 속에 완벽함을 만드는 것도 필요하다.

정말 어느 책의 제목처럼 머뭇거릴 시간이 우리에게는 없다는 것이다. 무슨 일이든 생각나면 바로 실행에 옮겨야 한다는 것을 의미하며 남들보다 생각이나 행동이 늦으면 우리의 선택은 의미가 없을 수밖에 없게 된다. 최고가 될 수 없다면 최초가 되라는 말처럼 때론 사고보다는 직관에 의지해서 감각으로 선택을 하라. 가장 급박할 때 사람은 누구나 동물적 감각이 사고를 앞지른다는 것을 명심하라.

5 미래는 선택을 잘하는 사람이 살아 남는다

미래학자이며 경영학자이기도 한 피터 드러커는 미래의 역사학자가 우리시대의 가장 중요한 사건으로 지목하게 될 것은 기술도, 인터넷도, 전자 상거래가 아니고 사회의 변화에 따라 모든 것을 바르게 선택하는 것이라고 하였다. 그만큼 선택은 중요한 것이다. 아무리 발달된 문명이라도 그것을 사용하는 사람이 바르게 선택해야 도움이 되고 효과적이 될 수 있다는 것이다. 그는 올바른 선택은 하기 위해서는 필요한 것으로 자신을 경영하는 능력을 갖추어야 한다고 하였다.

매일 똑같은 10시라는 시간이 매일 매일 주어지지만 그것은 분명 어제의 10시가 아니다. 이것은 우리가 작은 것을 의식하지 못하면 평생 현재에 살든지 아님 과거에 살고 있다는 것을 의미한다. 미래를 의식하는 사람은 매 순간을 소중하게 관리하고 최선을 다한다. 내일을 위하여 또는 미래를 위하여 충실하게 계획하고 선택함으로서 과거에 연연해 하지 않는다. 만약 선택이 잘못되었다 해도 다시 원 상태로 되돌아간다는 것은 불가능하며 다시 되돌아가서 다른 길을 선택해야 하므로 많은 시간과 노력이 허비된다는 것을 인식해야 한다. 따라서 선택을 잘 할 수 있는 능력을 기른다는 것은 곧 미래를 내다보는 눈이 있다는 것을 말한다.

선택과 관련하여 이 세상에는 세 가지 종류의 사람이 있다고 한다. 일을 저지르고 나중에 수습하는 사람, 고민만 하다가 일을 시작도 못해보는 사람, 그리고 충분한 고려를 통해 자신의 목표를 달성하는 사람이 그것이다.

첫째, 일을 저지르고 나중에 수습하는 사람을 돈키호테형이라고 한다. 소설 속의 돈키호테를 보면 생각보다 행동이 앞서는 사람이다. 돈키호테는 강한 추진력을 가지고는 있지만 충분하게 상황이나 조건들을 고려하기 보다는 행동이 앞서므로 남들보다 먼저 할 수 있는 장점은 있지만 결과가 좋지 않아 후회할 가능성이 많은 유형이다. 따라서 돈키호테 같은 유형의 사람들은 자신의 단점인 생각이 부족한 점을 보완하여 선택하기 전에 충분한 고려를 하고 자신의 장점인 추진력과 실천력을 잘 활용해서 좋은 결과가 나올 때까지 최선을 다하는 것이다.

둘째, 고민만 하다가 일을 시작도 못해보는 사람을 햄릿형 이라고 한다. 소설 속의 햄릿은 너무 생각이 깊어서 어떤 문제가 생기면 그것을 해결하기 위하여 머리 속으로만 모든 가능성을 다 생각해보고 꼼꼼하게 따져본다. 그래서 완벽하지 않으면 하지 않으려 하기 때문에 모든 일에 주저하거나 생각은 열심히 했지만 자신이 없어서 행동으로 옮기지 않는 성격을 가지고 있는 사람을 말한다. 따라서 햄릿과 같은 유형은 행동으로 옮기기도 어렵지만 생각이 깊기 때문에 시간이 너무 걸려 선택의 행운 자체를 놓쳐버리는 수가 많다. 햄릿과 같은 유형의 사람은 생각이 너무 깊기 때문에 생각에 빠져 다른 대안이 보이지 않는다는 단점을 가지고 있으므로, 어떤 행운이든 기한을 정해서 꼭 선택하겠다는 생각으로 실천을 해야 한다.

셋째는 충분한 고려를 통해 자신의 목표를 달성하는 사람을 나폴레옹형 이라고 한다. 나폴레옹은 25세에 육군사관학교를 졸업하고 전쟁터에서 수많은 전투를 하였지만 100전 100승을 달성하는 위업을 달성했다. 그는 전투를 하기 전에 어떻게 하면 적을 이길 수 있을까를 충분히 고려한 후 실천에 옮겨서 승리할 수 있었던 것이다.

결국 선택을 잘하는 사람이 되기 위해서는 바로 나폴레옹 같은 사람이 되어야 한다는 것을 의미한다. 나폴레옹처럼 전쟁에서 항상 이기는 사람, 기회를 행운으로 만들 수 있는 사람이 되기 위해서는 자신이 처한 상황이나 문제를 충분히 고려하고 그것이 결정되면 바로 실천으로 옮기는 습관을 가져야 한다.

제4장

운명을 바꾸는 행운

1 운명을 원망하지 말라

운명(運命)은 인간을 포함한 모든 것을 지배하는 초인간적인 힘이며, 숙명(宿命)은 태어날 때부터 타고난 정해진 운명으로 피할 수 없는 운명을 말한다. 운명의 運(운전할 운)은 변화와 바뀜을 의미하고 후천적인 것이지 타고난 것이 아니기 때문에 바뀔 수 있는 것을 말하며, 숙명은 宿(잠잘 숙)은 태어난 사주라 바뀌지 않는 특성이 있다. 사주를 바꾼다는 것은 인간의 능력을 벗어나 할 수 없는 일이다. 사주 뿐 아니라 성씨나 성별 등 타고난 것은 바뀌지 않기 때문이다. 즉 운명은 얼마든지 자신의 노력에 의하여 바꿀 수 있는 것이나 숙명은 바꿀 수 없는 운명을 말한다. 이처럼 운명과 숙명은 아주 다른 뜻인데 불구하고 사람들은 운명과 숙명이라는 단어를 혼용하여 쓰고 있다.

운명을 믿지 않는 사람들도 많지만 사람들은 자신의 처지를 놓고 운명이 나쁘다거나 좋다를 평가하기도 한다. 운명은 스스로 선택할 수 있는 것인데도 불구하고 자신이 처한 환경에 대하여 바꿀 수 없는 것이라고 생각하기에 체념하는 것을 일종의 미덕으로 여겨왔다. 특히 한국인은 오랫동안 자기가 속한 환경에 체념하기 때문에 아직도 운명은 개개인에게 중요한 것처럼 받아들여지는 경우가 많다.

운명이 아무리 나쁘다고 해도 무조건 나쁘다고 체념하는 것보다는 자신의 운명을 바꾸기 위한 노력을 하면 얼마든지 운명을 바꿀 수 있는 것이다. 역사 속에서 봐도 자신의 운명을 바꾼 사람들이 너무 많다. 사막에 버려진 징키스칸이 몽고를 통일하고 세계를 정복하는 정복자가 되었고, 팔삭둥이로 혀가 짧아 쓸모없는 아이라고 놀림을 당했던 윈스턴처칠도 영국을 이끄는 수상이 되었으며, 비천한 천민이었던 도요토미 히데요시도 일본을 통일하는 위업을 달성했다. 그중에 도요토미 히데요시가 자신의 운명을 바꾼 사례는 매우 의미가 있다.

우리에게는 임진왜란의 주범으로 기억되고, 일본인에게는 노부나가의 뒤를 이어 천하통일을 이룩한 영웅으로 받들어지는 인물이다. 토요토미 히데요시는 원래 천민출신으로 당시의 최고 권력자였던 오다노부나가의 신발을 가져다 주는 천한 계급이었다. 남들 같으면 자신이 천한 계급으로 태어나 남의 신발이나 가져다주는 노예신분이라면 매일 불만과 자신의 처지를 원망하였을 것이다. 그러나 그는 자기의 처지를 원망하기 보다는 자신의 운명을 바꿀 기회를 만들기 위해서 노력하였다.

그는 천민이지만 자신의 일로 남에게 인정받아 신분을 바꿀 수 있는 행운이 있다고 생각하였다. 그는 오다노부나가의 마음에 들 수 있는 방법을 고심하다가 추운 겨울날 주군이 발이 시려 울까봐 신발을 가슴에 품고 따뜻하게 데워주기로 하였다.

어느 추운 겨울날 오다노부나가 자신의 신발을 신다가 항상 따뜻함을 이상하게 여겨 알아보니 토요토미 히데요시가 신발을 가슴에 품어 따뜻하게 데운 것을 알고 감동하여 그를 신임하기 시작하여 무사가 되고 나중에는 장군으로까지 성장하였다.

결국, 토요토미 히데요시는 비천한 신분에서, 최고의 권력자였던 오다 노부나가를 감동시키는 행운을 만들었기 때문에 각 막부와 일본 전 영토를 통일하는 영웅적인 인물로 역사 속에 남아 있을 수 있었다.

만약 도요토미 히데요시가 자신의 운명이 가련한 것을 탓만 하였다면 천민의 신분을 벗어날 수 있는 행운은 오지 않았을 것이다. 이처럼 자신이 만든 행운은 운명도 바꾸어 준다. 결국 운명이란 자신의 생활 습관으로 자신이 행운을 만들어가는 것이다. 그런데 혹자는 운명은 주어진 것, 고칠 수 없는 것으로 받아들여 숙명으로 만들어버린다. 그래서 자신의 운명을 바꿀 노력을 하지 않는다면 자신의 삶에 대한 책임회피다.

운명을 바꾸는 행운은 자신이 만드는 것이다. 우리가 말하는 숙명은 사주라고 표현하고 운명은 팔자라는 말로 표현하고 싶다. 언젠가 그런 이야기를 들은 적이 있다. 사주는 돌이 뒤에서 날아 오는 것이고 팔자는 돌이 앞에서 날아 오는 것이라고 말이다. 팔자를 고친다는 말! 이 말은 앞에서 날아 오는 돌은 눈에 보이기에 피할 수 있다는 것이다. 이 말처럼 운명은 스스로 고치고 다듬고 만들어 갈 수 있는 것이다. 이렇게 바꿀수 없는 운명이라고 주저앉지 않고 일어서서 맞서 싸운다면 충분히 날아 오는 돌을 피할 수도 있고 잡을 수도 있을 것이다. 날아 오는 돌을 보면서 운명이거니 하고 맞아 상처 있는 삶을 살지 말고 당당하게 맞서서 싸워라. 싸울 수 없다면 피하면 되는 것이고 피할 수 없다면 맞서 싸우면 되는 것이다. 운명을 원망하지 말라. 그 운명이라는 것도 당신이 두 눈을 부릅뜨고 지킨다면 두 손으로 마음대로 주무를 수 있을 것이다.

2 행운은 늘 당신 주위에 있다

모든 일이 잘되는 날 거울을 보면 거울 안에 비친 나의 모습이 어느 때보다 자랑스럽고 멋있다는 생각을 해 본 적이 누구에게나 있을 것이다. 그러나 하는 일마다 일이 안 풀리거나 어려워질 때 거울을 보면 거울 안에 있는 나의 모습은 한없이 바보 같기도 하고, 초라해 보이기까지 할 때도 있을 것이다.

행운도 마찬가지다. 매일 하는 일이 잘되고 즐거우면 행운이 자꾸 찾아들지만, 하는 일이 잘 안되고 우울하면 불행이 겹쳐 찾아든다.

사실 행운은 항상 같은 얼굴로 우리 주변에 늘 가까이 있는데도 우리는 가까이에 있다는 생각을 하지 못한다. 그래서 하는 일이 잘 안되고 우울하게 되면 행운이 너무 멀리 있는 것처럼 느끼는 것이고, 하는 일이 잘되고 즐거우면 행운은 가까이에 있는 것이라 발견하기

쉬워 계속 행운이 찾아오는 것처럼 느껴지는 것이다. 그것은 마치 머피의 법칙(Murphy's Law)과 샐리의 법칙(Shally's Law)과 같은 것이다.

머피의 법칙(Murphy's Law)은 미국의 항공기 엔지니어였던 머피가 1949년에 발견했다는 인생법칙으로 '잘못될 가능성이 있는 것은 어김없이 잘못되어 간다'는 의미로, 인생살이에 있어서 나쁜 일은 겹쳐서 일어난다는 설상가상의 법칙으로 곧잘 인용되는 말이다. 새 옷을 입었는데 집에서 나가자마자 흙탕물에 옷을 버리게 되고, 버스를 놓치게 되고, 결국 약속에 늦게 되었다. 즉 머피의 법칙은 자기가 바라는 것은 이루어지지 않고, 우연히 나쁜 방향으로만 일이 전개되어 거듭 낭패를 당하는 경우에 쓰는 말이다.

샐리의 법칙(Shally's Law)은 미국영화 《해리가 샐리를 만났을 때 When Harry Met Sally》에서 계속 좋지 않은 일만 일어나다가 결국은 해피엔딩으로 이끌어 가는 여주인공 샐리의 모습에서 빌려온 법칙을 말한다. "잘 될 가능성이 있는 일은 항상 잘 된다"는 의미로, 인생살이에 있어서 좋은 일은 겹쳐서 일어난다는 법칙으로 곧잘 인용되는 말이다. 새 옷을 입고 나가자마자 차가 대기하고 있었고, 정확히 시간에 도착했을 뿐만 아니라, 새 옷에 대하여 멋있다고 칭찬을 해주고, 계획했던 사업 들이 너무 잘 풀렸다. 즉 샐리의 법칙은 자기가 원하는 것은 모두 이루어지고, 계속 행운이 찾아오는 경우에 쓰는 말이다.

행운이 항상 주변에 있어도 못 느끼는 것은 사람의 마음이 일관되지 못한 것이다. 따라서 행운은 항상 내 주변에 있다는 생각을 가지고 우리의 미래가 행운으로 가득 차 있다는 것을 미리 알면 우리는 절대로 미래가 우울하지 않을 것이다. 우리가 우울한 것은 행운이 주변에 없다고 생각하기 때문이다.

결국 행운과 불행은 같은 것인데 느끼는 사람에 따라서 행운이 가까이 있다고 생각하면 그것은 샐리의 법칙이 되고, 멀리 있다고 생각하면 불행이 되어 머피의 법칙이 되기도 한다. 따라서 행운을 가지고 싶으면 그 방법은 너무 간단하다. 행운이 늘 나의 주변에 있고, 그것을 느끼기만 하면, 바로 행운은 나의 것이라는 생각을 가지기만 하면 된다.

나의 주변에 늘 행운이 있다고 생각하면, 나의 행동이 활기차지고 자신감을 가지게 된다. 행동이 활기차지고 자신감을 가지게 되면, 만나는 사람들도 나를 좋게 볼 뿐만 아니라 나를 둘러싼 모든 환경이 좋은 환경으로 바뀌게 된다. 그러다 보면 정말 행운이 항상 함께 할 수 있는 것이다.

이제부터 내 주변에 어떠한 행운이 있는지를 찾아보자. 지금까지 행운이 없었다고 하면 분명히 주변에는 행운이 존재하고 있었음에도 불구하고 내가 찾지 못한 것이다.

3 행운은 자신이 만드는 것이다

요즘 성공학에 관련된 책들이 서점가를 휩쓸고 있다. 물론 조금씩 차이는 있지만 그 내용들은 모두 한 가지를 말하고 있다. 진심으로 간절하게 원하고 된다는 믿음으로 항상 생각하면 이루어진다는 것이다. 그것이 긍정적이든 부정적이든 간절하게 원하거나 마음속에 그 생각이 끊이지 않고 있다면 그대로 이루어진다는 것이다. 그러므로 행운을 만들고 싶다면 항상 마음속으로 원하는 것을 간절하게 그리고 이루어졌다고 생각하면 되는 것이다. 오늘부터 당신주변을 맴도는 행운을 떠올리면서 내 것이라는 생각을 가지기 바란다. 역사 속에서도 그런 일이 많다.

알렉산더대왕은 마케도니아의 왕으로 지중해를 떠나 그리스 · 페르시아 · 인도에 이르는 대제국을 건설한 정복왕으로도 유명하다. 그의 정복은 그리스 문화와 오리엔트 문화를 융합시켜 새로운 헬레니즘 문화를 이룩하였다.

알렉산더대왕은 오랫동안 정복을 한 것으로 유명한데 한 전투에서 군대를 이끌고 열배나 되는 적과 싸우게 되었다. 부하들은 수적으로 열세였기 때문에 두려움에 떨었다. 알렉산더대왕은 이러한 상태에서 전쟁을 하게 된다면 분명히 패배할 것이라고 생각하였다. 그렇다고 정복을 멈출 수가 없었기 때문에 그에게는 묘책이 필요했다. 곰곰이 생각한 끝에 그는 행운을 만들기로 하였다.

알렉산더대왕은 싸움터로 가던 도중 작은 사원에 들러 승리를 기원하는 기도를 올렸다. 기도를 마치고 나오자 장수들과 병사들이 기대에 찬 눈빛으로 그를 쳐다보았다. 대왕은 손에 동전 하나를 들고 말했다.

"내가 기도를 마쳤는데 신께서는 내게 영험을 주셨다.

동전을 공중에 던져서 앞이 나오면 우리가 승리할 것이고, 뒤가 나오면 우리는 패배할 것"이라고 하면서, 비장한 표정으로 동전을 하늘 높이 던졌다. 모두들 숨을 죽이고 동전을 주시하였다. 그런데 떨어진 동전을 보니 동전은 앞면이 위로 올라와 있었다.

"앞면이다! 우리가 이긴다!"

병사들의 기쁜 함성이 천지를 뒤흔들었으며 사기는 금방 최고로 올라갔다.

그래서 그들은 10배나 되는 적을 격파할 수 있었다.

전투가 끝나고 나서 승리를 축하하는 자리에서 한 장교가 말했다.

"신의 계시가 맞습니다. 저희가 열 배나 되는 적을 이겼으니 말입니다."

그러자 알렉산더대왕이 말했다.

"사실은 그 동전은 양쪽 다 앞면이었다네!"

또 한번은 알렉산더대왕의 정복사업이 13년 동안 계속 되었을 때, 오랫동안 집을 떠난 군인들은 집으로 돌아가고 싶은 생각으로 전쟁터에서 싸울 생각을 하지 않아 진격할 수 없었다. 적들은 알렉산더대왕의 군인들이 전투력을 상실한 것으로 생각하여 역습을 해왔다. 군사들은 전투력을 상실한 상태에서 적이 공격한다는 소식에 공포감에 빠져 도망갈 생각 밖에는 하지 않았다.

알렉산더대왕은 또 한번의 행운을 만들었다. 그는 또 하늘을 향해 기도를 하고 병사들에게 말했다.

"병사들이여 신께서 우리에게 엄청난 힘을 주는 약을 선물하셨다. 마늘을 한 개씩만 먹으면 우리는 당연히 승리한다고 하셨다"

병사들은 지금까지 알렉산더대왕의 기도 결과 수많은 행운이 있었다는 것을 알았기에 당연히 힘이 세질 것이라고 생각하였다. 병사들은 마늘을 한쪽씩 먹었다. 그리고는 힘이 세지는 것을 느끼고 적의 공격을 막아냈을 뿐만 아니라 대승을 거두었다.

"신의 계시가 맞습니다. 오합지졸 같던 우리가 신이 내린 마늘을 먹으니 대승을 거두었습니다."

그러자 알렉산더대왕은 말했다.

"사실은 그냥 마늘일세!"

알렉산더대왕은 행운을 만들었다. 그 행운은 병사들의 믿음으로 만들어졌다. 만약 병사들이 믿지 않았다면 그것은 행운이 아니라 사기가 되었을 것이다. 행운의 크기는 믿음의 강도가 크면 클수록 비례하여 커진다. 그러나 믿음의 강도가 크지 않으면 행운의 크기도 그만큼 반비례한다. 이처럼 행운은 우리의 믿음과 생각의 크기만큼 만들어지는 것이다.

나에게 행운이 찾아오지 않는다고 세상을 한탄하는 분들에게는 행운을 만들어 보라고 권하고 싶다. 행운을 만드는 방법은 너무 간단하다. 나는 어떤 일을 하던 내게 행운이 있다고 믿으면 된다. 그러면 행운은 반드시 내 앞으로 찾아온다. 아무리 애원해도 행운이 오지 않는다면 우선 내가 하고 있는 일 중에서 어떤 일이 나에게 행운을 가져다 줄 것인가를 찾아보자. 나에게 행운을 가져다 줄 일이 있다면 그 일을 좀 더 면밀히 검토해보고 좋은 결과를 가져오도록 노력해보자. 그러면 분명히 행운은 당신 앞으로 찾아온다.

4 행운은 창조하는 것이다

선인들은 인생에서 누구나에게 행운은 3번은 찾아온다고 한다. 그러나 행운을 나의 행운라고 생각해서 잡으면 나의 행운이 되지만 나의 것이 아니라고 생각하면 그것은 나에게 행운이 아니다. 행운은 잡는 사람의 것이기 때문이다. 인생을 살면서 3번의 행운이 아니라 아무리 많은 행운이 찾아온다고 해도 그것을 하나도 잡지 못하면 일생 동안 한번의 행운도 마주치지 못할 것이다.

더욱 심한 것은 행운이 왔음에도 행운인지도 모르고 지나쳐 버리는 것이다. 그러다 보면 죽을 때까지 한번의 행운도 마주치지 못하고 각박한 운명을 한탄하며 세상을 떠날 것이다. 그러나 인생에서 내게 찾아오는 행운을 모두 갖는다면 더 많은 행운이 찾아오게 된다. 결국 행운은 내가 잡음으로 인해서 비로소 나의 것이 되는 것이다.

그리스로마신화를 보면 미다스(마이다스)의 손으로 알려진 왕의 이야기가 유명하다. 미다스왕은 무엇이든 만지면 황금으로 만들어 버린다는 뜻에서 미다스(마이다스)의 손이라고 한다.

미다스왕의 아버지 고르디우스는 원래 가난한 농부였는데 우연히 프리지아지방을 지나다 왕이 되었다. 당시 내전이 심해서 혼란해지자 제사장이 신에게 해결책을 묻자, 이륜마차를 타고 오는 첫 번째 사람이 나라를 구하고 왕이 될 것이라는 신탁이 내려졌다. 당시 프라기아에는 이륜마차가 드물어 의아하게 생각하던 중 고르디아스가 이륜마차를 타고 나타나자 왕으로 추대되었다. 그가 바로 미다스의 아버지였고 왕이 된 고르디아스는 프라기아의 수도가 된 고르디온을 세웠다.

왕위에 오른 고르디우스는 그의 수레를 예언을 내려준 신의 신전에 바쳤고, 밧줄로 단단히 묶어 놓았다. 후에 그것을 푸는 자는 아시아의 지배자가 될 것이라는 이야기가 전해졌다. 많은 이들이 아시아의 지배자가 되려는 행운을 잡아 보고자 매듭을 풀어보려 했지만 모두 실패했다.

그때 세력을 넓혀가고 있던 알렉산더 대왕의 군대가 프라기아에 오게되었다. 알렉산더 대왕도 아시아의 지배자가 되려는 행운을 잡아 보고자 다른 사람들 처럼 매듭을 풀려고 노력했지만 실패했다. 알렉산더는 자신이 매듭을 푸는 것을 실패하면 그의 병사들은 자기들의 주군이 아시아의 맹주가 될 수 없다는 생각을 가지게 되고 그러면 전쟁에서 이길 수 없다는 생각에 큰 부담이 되었다. 그는 병사들에게 자신이 매듭을 푸는 것을 보여주어야 아시아의 지배자로서 인정을 받게 될 것이고, 그 믿음으로 전쟁에서 승리할 수 있었기에 그는 행운을 놓쳐서는 안 되었다.

그는 한참을 고민하다 칼을 뽑아 그 매듭을 그냥 잘라버렸다. 비록 잘라버렸을 지라도 그가 아무도 풀 수 없었던 고르디우스의 매듭을 풀었다는데서 올바른 선택이었고, 그의 병사들에게 그들의 목표인 정복사업이 성공할 것이라는 신념을 가지게 했고 자신감이 충만해졌다. 결국 병사들은 알렉산더대왕을 더 믿고 따랐으며, 모든 전쟁을 승리할 수 있는 계기가 된 것이다.

알렉산더대왕이 고르디우스의 매듭을 만난 것은 행운이였다. 그러나 다른 사람들은 같은 행운이 와도 그 행운을 잡지 못하고 다 실패했다. 알렉산더대왕은 자기의 원대한 목표인 세계정복을 꼭 실현하고 싶었다. 그래서 고르디우스의 매듭이 바로 자기에겐 행운이라고 생각했기에 꼭 잡고 싶었던 것이다. 그는 결국 매듭을 풀었고 그 일이 행운으로 찾아와 정복자 알렉산더대왕이 되었다.

인생에서 행운이 오면 항상 그 행운은 반드시 부여잡아야 한다. 그것이 나에게 마지막 행운이 될지도 모르기 때문이다. 그 행운을 잡음으로 인해서 나에게는 어떤 행복이 찾아올지 기대를 해보는 것도 인생을 행복하게 사는 방법이 된다.

5 행운은 도전하는 사람의 것

인생은 도전(挑戰)의 연속이다. 도전 앞에는 승리도 있고, 또한 실패도 있다. 승리는 결코 우연의 산물이 아니요, 요행(僥倖)의 결과는 더욱 아니다. 그것은 곧 피눈물 나는 노력과 도전의 결정이요, 끊임없는 투쟁의 소산이다. 그래서 하늘도 감동하여 행운을 주는 것이다.

칭기즈칸은 말했다. 자신이 한계를 딛고 일어섰을 때 비로써 테무친이라는 평범한 아이에서 위대한 황제인 칭기즈칸이 되는 행운을 가지게 되었다고 했다. 그는 한계는 누가 세운 것이 아니라 자기가 만든 기준이라는 것이다. 따라서 한계를 자신이 만들지 않으면 모든 것이 가능하다고 했다.

사람들이 도전하는 것을 싫어하는 것은 실패를 두려워하기 때문이다. 도전은 행운을 갖기 위해서 필수적인 것이다. 도전하지 않으면 행운은 그냥 찾아올 수 없기 때문이다. 도전하면 50대 50의 승부수가 있다. 인생을 살면서 50%의 승률은 매우 높은 것이다. 이렇게 높은 승률을 우리가 스스로 포기한다는 것은 매우 바보 같은 것이다. 실패를 당했다고 해도 실패는 우리의 삶을 구렁텅이로 만들거나 모든 것을 잃게 하지 않는다. 단지 실패했다는 사실이 두려운 것이다.

실패도 나쁜 것이 아니다. 내가 인생을 살아가는데 중요한 경험이 되며, 다시는 그런 실패를 하지 않게 하는 경험을 주는 것이다. 그러나 도전하지 않으면 우리는 실패를 경험할 행운마저 저버리게 된다.

우리가 잘 알고 있는 토마스 에디슨도 수도 없이 많은 실패 속에서 행운이 찾아 왔다. 토마스 에디슨은 살아있는 동안 1천 93개의 발명품을 남겼으며, 기록한 아이디어 노트만 해도 3천 4백 권이나 된다. 그는 수많은 발명을 위해서 수백만번의 실패를 거듭했다.

그의 발명은 우연이 아니라 도전의 연속이라는 것을 알게 해주는 일화가 있다. 그는 전구를 완성하기 위해 9,999번이나 실패를 했다. 그때 한 친구가 "자네는 실패를 1만번 되풀이할 작정인가." 라고 물었다. 그러자 에디슨은 "나는 실패를 거듭한 게 아니야. 그동안 전구를 발명하지 않는 법을 9,999번 발견했을 뿐이야." 라고 대답했다. 그의 전구의 발명이라는 성공은 결국 도전의 연속이었기 때문에 얻어진 행운이었다.

그는 자기가 특별한 사람이 아니라, 다른 사람들이 게으르다고 생각하였다. 에디슨은 매일 16시간 일했으며, 그는 사람들이 귀중한 시간을 너무나도 많이 수면으로 낭비하고 있다고 안타까워했다. 그래서 식사시간도 아깝다고 생각하여 극히 적은 양의 식사를 할 정도로 시간을 아끼려고 노력하였다.

그는 60이 넘겨서도 실험에 열중하다 자신의 연구소를 모두 불태워 바닥으로 떨어졌다. 그러나 그는 위기에 좌절하지 않았다. 최악의 위기는 포기라고 생각하고 다시 처음부터 도전하여 다시 제기하여 마침내 성공하는 행운을 얻었다.

어린아이들은 실패가 무엇인지를 모른다. 그렇기 때문에 무엇이든 행동으로 옮겨서 좋은 것들은 빨리 배운다. 당신도 걸음마를 배울 때, 몇 걸음 걷다가 넘어지고 또다시 일어나기를 반복하면서 배웠을 것이다. 심지어는 다치기도 하였을 것이다. 그러나 어른이 되면서 어떤 행운이 오면 도전하는 것이 어렵다거나 귀찮다고 생각하여 스스로 포기하게 만든다.

불가능하다고 생각하는 것은 실제 불가능해서가 아니라 내가 만든 기준 때문에 그런 것이다. 도전해 보라. 그럼 행운은 반드시 찾아온다.

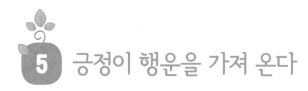

5 긍정이 행운을 가져 온다

어떤 사람은 99개를 가지고 있으면서도 한 개가 부족하다고 생각한다. 그러나 어떤 사람은 한 개만 가지고 있으면서도 그것이 없는 것보다 낫다고 생각한다.

탈무드에 이런 말이 있다. 아버지가 아들에게 말했다. "사람의 마음에는 두 마리의 늑대가 있단다. 하나는 긍정적인 생각을 하고 행동을 하게 하는 늑대이고, 하나는 부정적인 생각을 하고 행동을 하게하는 늑대란다." 그 말에 아들이 아버지에게 물었다. "그럼 결국에는 누가 이겨요?" 아버지의 대답은 "네가 먹이를 주는 쪽이 이긴다." 결국 긍정적인 생각을 하면 긍정적인 행동으로 이루어지고, 부정적인 생각을 하면 부정적인 행동이 이루어진다는 것을 말한다.

머피의 법칙이라는 노래가 있다. 머피의 법칙이란 노래는 그룹

'DJ덕'이 노래제목으로 사용한 것이다. 머피의 법칙은 "나쁜 일이 일어나는 사람에게는 계속 부정적인 일들만 생긴다."라는 것으로 알려져 있다. 머피의 법칙을 사회생활이나 인생살이에 적용하면, 사실은 맞는 경우보다 맞지 않는 경우가 많지만 사람이 부정적인 사고방식에 사로잡히면 얼마든지 머피 법칙이 적용될 수 있다. 하지만 역으로 이 법칙을 반대로 긍정적인 방향으로 생각한다면 좋은 일만 일어날 것이라고 생각하면 계속 좋은 일이 일어난다는 의미와 같은 맥락이다.

결국 부정정인 생각을 하면 머피의 법칙이 적용되나 긍정적인 생각을 하면 긍정적인 머피의 법칙, 즉 샐리의 법칙으로 변한다.

예전에 베스트셀러 목록에 올라와 있던 조엘 오스틴의 "긍정의 힘"을 보면 사람은 믿는대로 된다고 하였다. 우리가 긍정적인 생각으로 세상을 보면 모든 것이 긍정적이고 행복해 보이나, 부정적인 생각으로 세상을 보면 모든 것이 부정적이고 불행해 보인다.

결국 우리의 비전을 세워서 그것을 이루느냐 아닌가는 자신의 비전을 긍정적으로 보느냐 부정적으로 보느냐의 차이다. 따라서 비전을 이루기 위해서는 꼭 달성할 수 있다는 긍정의 힘으로 생각한다면 분명히 우리의 꿈이 이루어질 것이다.

자신의 삶은 자신이 만들어 가는 것이다. 마찬가지로 긍정적으로 생각하다 보면 나의 작은 습관들이 모여 나를 긍정적으로 만들어간다. 알게 모르게 수년이 지나면 내 습관이 나를 얼마나 변하게 했는지 알 수 있을 것이다. 10년이 지나고 나면 작지만 좋은 습관들을 만들어가는 성공자의 삶을 살게 될 것이다. 항상 긍정의 눈으로 세상을 보는 습관, 긍정의 말만 하는 습관, 남에게 뭔가 주는 것을 기뻐하는 습관, 문제만 제시하지 않고 대안도 제시할 줄 아는 습관, 그런 습관들을 만들며 승자의 삶을 살아 보십시요. 선택은 자유입니다. 긍정적인 생각으로 행복한 삶을 살 것인지, 부정적인 생각으로 불행한 삶을 살 것인지.

6 행운은 준비하는 사람에게 온다

행운은 가만히 있는데 찾아오는 것이 아니다. 더욱이 찾으려고 하지 않는 사람에게는 더 찾아오지 않는다. 열심히 행운을 맞을 준비를 하거나 행운이 오기를 준비하고 있을 경우에만 찾아온다. 행운을 가져다주는 가장 큰 원동력은 근면과 적절한 계획이다. 주변에서 행운이 찾아와 성공한 사람을 보면 게으르고 생각하기 싫어하는 사람과 열심히 일하고 공부를 많이 하고 창조적으로 행동하는 사람 중에 어떤 사람이 더 많은 가를 보면 답은 나온다.

결국 행운을 가지려면 항상 준비하고 가치 있는 목표를 지향하고 행운을 맞을 준비를 하면 된다. 행운은 이런 사람에게 찾아온다.

독일이 유태인을 미워하게 된 배경은 당시 독일은 1차 대전의 패망 후 매우 가난한 상태였는데, 독일 전체 돈의 약 27프로를 단지 7 프로에 지나지 않는 유태인들이 독점하고 있었다. 그런데 문제는 유태인들은 부자들이나 가난한 독일인들에게 인색하였다는 것이다. 이로 인해 당시 독일 지식인들 사이에서는 유태인들을 좋지 않은 시선으로 보는 사람들이 매우 많았다.

결국 독일은 제2차 세계대전을 일으키고 히틀러의 유태인 탄압정책으로 나치가 유태인들을 600만 명이나 학살하였다. 독일의 유태인 최대 학살 현장이었던 아우슈비츠 수용소에 어떤 젊고 유능한 유태인 의사가 수용되어 있었다. 그는 아우슈비츠 수용소 안의 동포들이 처형되지 않기를 메일 기도하였지만, 가스실과 실험실로 향하는 동족들의 죽음의 행렬을 지켜볼 수밖에 없었다. 그가 죽음의 행렬을 보면서 느낀 것은 독일군들이 처형자들을 고를 때 몰골이 흉하거나, 쓸모없는 사람이라고 판단이 드는 사람부터 선별한다는 것을 알게 되었다. 결국 그는 아우슈비츠 수용소에서 살아남기 위해서는 쓸모없는 사람이라는 인식을 받아서는 행운이 찾아오지 않으므로 살아남을 수 있는 행운을 얻기 위해서는 최대한 쓸모 있는 사람처럼 보여야 한다는 것을 알게 되었다. 그러던 어느 날 그는 노동을 하다가 흙 속에 파묻힌 깨진 유리병 조각을 보고 행운이 찾아 왔다고 생각하였다.

그는 병조각을 몰래 숨겨 가지고 돌아와 날마다 면도를 하면서 용모를 단정히 하였다. 그렇게 하여 독일군들이 처형자를 고르기 위해 올 때마다 그는 면도한 턱 때문에 그들의 눈에 쓸 만한 인간이라는 선입견을 주어 위기를 모면했다. 그리하여 그는 독일이 완전히 패망할 때까지 살아남아 스페인에서 유능한 외과 의사로 성공하였다. 그는 나중에 수용소의 생활을 회고하며 이렇게 말했다. "행운은 준비하는 사람들에게 분명히 찾아온다."

아우슈비츠 수용소에서 의사가 살아남은 이유는 다른 사람들은 행운을 얻기 위하여 기도 밖에는 하지 않았지만, 그는 살아남기 위하여 외모를 단정히 하고 독일군들에게 쓸모 있는 사람으로 보이려고 노력하였기 때문이다. 행운은 이처럼 준비하고 노력하는 사람을 좋아한다는 것이다.

행운을 얻고 싶은가? 그렇다면 먼저 행운에 필요한 지식과 능력부터 갖추어 나가야 한다. 행운에 필요한 지식과 능력을 쌓아가다 보면 없던 행운도 찾아오게 된다. 결국 행운은 목표를 실현하기 위하여 결심한 용기와, 그 소망을 이루기 위해 계속 준비해 둔 지혜가 바로 그것이다. 진정한 행운이라는 것은 무조건 기다린다고 오는 것이 아니고, 묵묵히 준비하는 데서 찾아오는 것이다.

삶이 끝나갈 때쯤 인생을 돌아보며 잡았던 행운과 자아발전을 이룰 수 있었던 때도 있었지만 그렇지 못했던 때를 기억하며 후회하는 사람들이 너무 많다. 많은 사람들이 '내일이 있으니까'라는 흔한 덫에 걸려 시간을 모래처럼 흘려보낸다. 무한한 수명을 지니고 있다면 사고나 질병이나 죽음이 없다면 물론 그렇게 시간을 허비해도 된다. 하지만 항상 내일이 있는 것은 아니다. 삶은 끝이 있고, 일단 끝나

버리면 그것으로 진정 끝이다. 미래를 두려워하고 과거를 후회하며 그저 시간을 흘려보내라는 게 아니라 가치있는 삶을 살라고 하는 것이다. 성공한 사람들은 주어진 시간을 최선으로 활용한다.

'순간순간을 충실하게 사는 것'을 목표로 하여 모든 관계에서 다른 사람에게 최선을 다하고자 노력하자. 행운이 오면 세상을 더 나은 곳으로 만들기 위해 노력하자. 인생에서 예기치 못한 교훈을 얻게 되면 겸허하게 배우자. 내일을 꿈꾸거나 과거에 얽매이면 실패의 덫에 묶이기 쉽다. 대신 우리는 최고 자원인 자아에 손을 뻗어 의식적으로 지금 이 순간에 꾸준하게 집중함으로써 성공에 도달할 수 있다.

제 5 장

행운을 얻으려면
행운을 잡아라

1 행운은 용감한 사람들의 것

"세상은 용기있는 사람들의 것이다"라는 말이 있다. "자신 있게 사는 사람은 자신의 인생을 바꾸지만 용감한 사람은 세상을 바꾼다"라는 말도 있다. 결국 용감한 사람들은 세상을 자기 것으로 만들기도 하고 세상도 바꾸기도 한다는 것이다. 실제로 세상은 용감한 사람들에 의해서 신대륙이 발견되었고 험난한 오지의 지도가 만들어졌다. 용감하게 도전하는 사람에 의하여 우리의 삶을 지배하는 문명의 이기가 나오게 되었다.

용감한 사람들은 남들과 같이 평범하게 세상을 살기 보다는 무언가 남들과 다르다는 것을 찾기 위하여 세상을 향해 도전하는 것을 취미로 삼는다. 따라서 용감한 사람들이 가는 길은 평범한 사람들이 가지 않는 길이기에 평탄할 수 없다. 더욱이 평범한 사람들은 용감한 사람들이 자기와 다른 길을 간다는 이유로 비난이나 질투를 던진다. 주변의 비난이나 질투는 용감한 사람들에게 항상 그림자처럼 따라다닌다. 평범한 사람들은 가지 않는 길을 용감한 사람들이 가기 때문에 그들에게는 하늘에서 행운이라는 복을 내려준다. 그 행운이 바로 세상에 이름을 남기게 되는 것이다.

역사 속에서는 남들이 가지 않는 길을 용감하게 가서 세상을 변화시키고 자신의 이름을 남긴 사람들이 많다. 비행기를 만든 라이트 형제나 알프레드 노벨도 주변의 질타와 수많은 실패 속에서 자신의 목표를 향해 끝까지 도전한 사람이다.

비행기를 발명한 라이트 형제는 용감하였기 때문에 행운을 가진 사람들이었다. 당시 일반적인 시각은 인간이 하늘을 난다는 것은 불가능하다고 생각하였다. 그러나 라이트 형제는 하늘을 날고 싶은 욕망에 비행기를 만들어 하늘을 나는 실험을 하였다. 평범한 사람들은 무모한 도전이라고 곱지 않은 시선으로 형제를 비난하였다.

그러나 라이트 형제는 어떤 비난에도 굴하지 않고 하늘을 날고 말겠다는 생각으로 계속 비행기를 만들어 하늘을 나는 실험을 계속하였다, 수많은 실패 속에서도 결국 비행기를 만들어 하늘을 날았다. 하늘은 라이트 형제의 용감함을 높이 사 세계 최초의 비행기를 발명한 형제라는 이름을 남기게 해주었다.

알프레드 노벨은 자신이 만든 다이너마이트 등의 폭약으로 엄청난 돈을 벌어들인 억만장자이며 노벨상을 만든 사람이다. 노벨이 다이너마이트를 만든 이유는 광산에서 굴을 팔 때 사람의 힘으로 팔 수 없는 부분을 뚫을 때 쓰기 위해 다이너마이트를 개발하였다. 원래의 목적은 평화적인 이유로 만들어 진 것이다. 그러나 자신이 만든 다이너마이트가 전쟁 등에서 사람을 대량 살상하는 악마의 발명품으로 사용되자 노벨은 국제적으로 비난을 받게 되었다. 노벨은 점차 자신이 만든 폭약에 의해 희생한 사람들을 생각하게 되었다. 결국 용기를 내어 자신의 재산을 정리하여 재단을 만들기로 결정하였다. 그러나 아쉽게도 그의 결정은 그의 사망 뒤에 노벨 재단, 노벨상 등이 만들어졌다.

용감한 사람과 똑똑한 사람은 분명히 다르다. 똑똑한 사람은 자신이 원하는 것을 얻기 위해 노력하고 결국은 쟁취하지만, 용감한 사람은 세상을 위해서 도전하고 결국은 세상을 변화시킨다. 그러기에 그들은 세상에 이름을 남기고 빛이 되는 것이다.

용감한 사람은 실패하는 것, 지는 것을 두려워하지 않는다. 실패를 두려워하는 사람은 성공도 두려워한다. 정작 자기가 원하는 것을 얻어도 그것을 어떻게 사용해야 할지 두려워하는 것이다. 자신감이 충만한 사람과 용감한 사람은 그 차이가 있다. 자신감이 충만한 사람들은 자기 인생을 개척하고 성공으로 나아갈 수 있는 사람들이다. 하지만 용감한 사람들은 인생을 바꾸는 정도가 아니라 주변을 비롯하여 세상을 바꿀 수 있는 사람이다.

용감한 사람들은 능동적인 사람이 많다. 주어지는 것에 수긍하면서 살기보다 변화를 만들어 간다. 용감한 사람은 세상을 위해서 도전하고 결국은 세상을 변화시킨다. 그러기에 세상에 이름을 남기는 행운은 도전하는자, 즉 용감한 사람들의 것이다.

2. 비전을 가져야 행운이 생긴다.

비전의 크기를 잡는 것은 우리의 마음이다. 비전을 크게 잡을 수도 있고, 작게 잡을 수 있다. 일부의 사람들은 자신이 처음 시작하는 시점에서는 꿈을 작게 잡는 경우가 많다. 그러나 옛말에 "호랑이를 그리려다 못 그리면 고양이를 그리고 고양이를 그리려고 하면 아무 것도 못 그린다."라는 속담이 있다. 이는 비전을 크게 그리면 비전을 다 실행하지 못하여도 상당히 성공에 가까이 가나 비전이 작으면 결국 실패할 확률이 높다는 것을 의미한다.

비전을 설정하기 위하여 투자해야 하는 노력은 큰 비전이나 작은 비전이나 같다. 따라서 이왕 같은 노력을 들일 바에는 비전은 크게 그려 보자. 역사 속에는 커다란 비전을 가짐으로 인하여 행운이 생겨 자신의 성공은 물론 세계를 변화시킨 인물들이 많다. 그 중에서도 칭기즈칸만큼 커다란 비전이 행운을 만들고 이를 성공으로 실현시킨 사람은 많지 않다.

2 호기심이 행운을 만든다

　우리는 의도적으로 도전을 해야 행운을 만들어 낼 수 있다. 평범이란 이름으로 남이 간 길을 무작정 따라가는 곳에선 행운이 생겨나지 않는다. 따라서 도전하기 위해서는 호기심이 왕성해야 한다. 호기심은 새롭거나 신기한 것에 끌리는 마음을 말한다.

　우리의 생활을 어떻게 하면 편하게 할 수 있을까? 새처럼 하늘을 날아볼 수는 없을까? 저걸 어떻게 하면 알 수 있을까? 이러한 호기심들은 모두가 한번쯤은 가져보았을 것이다.

　물론 이러한 호기심이 호기심으로만 끝나는 경우도 적지 않다. 그러나 어떤 사람들은 의문을 풀기 위해 혹은 문제를 해결하기 위해 돈키호테처럼 다른 사람들이 보기에는 터무니없는 열정을 갖고 달려들기도 한다. 또 그것이 생각지 않았던 의외의 결과를 가져오기도 한다. 성경에 나오는 아담과 이브는 호기심 때문에 따먹지 말라는 금단의 열매인 선악과를 따먹었다. 호기심에서 비롯된 열정이 신의 경고도 무서워하지 않을 정도로 강렬했기 때문이다. 덕분에 여자는 출산, 남자는 노동이라는 형벌을 받으면서 인류 최초의 역사가 열리게 되었다.

2002년 10월 9일, 일본의 평범한 연구원인 다나카 고이치로씨가 호기심으로 출발하여 노벨상 화학상을 수상한 적이 있다. 그의 성장 과정과 연구원 생활은 정말 지극히 평범한 사람들의 모습과 다를 바가 없지만 호기심 하나로 새로운 분야에 도전 하여 최선을 다해 노력하여 최고의 결과를 얻을 수 있었던 것이다.

다나카는 노벨상 수상식 기념 강연에서 "나는 대학에서 화학을 전공한 사람이 아니기에 역대 수상자 중에서 최대의 도전자였다고 생각한다."며 운을 뗐다. "나는 샐러리맨 기술자이다. 두뇌가 뛰어난 것도 아니고, 전문 지식도 충분하지 않다. 하지만 묵묵히 연구를 해온 결과 놀라운 발견을 할 수 있는 행운을 잡게 되었고, 노벨상까지 수상하게 되었다. 살다보면 이런 일도 일어난다. 나는 호기심이 왕성한 편이어서 모르는 분야에 도전하는 것이 오히려 즐거웠다. 갓 대학을 졸업하고 20대 초반이었다는 사실도 있겠지만, 40대가 된 지금도 새로운 것에 도전하는 것은 자극적이고 즐거운 경험이다."라고 말했다.

다나카씨도 자신의 전공과는 무관한 화학에 대한 호기심이 노벨상 화학상을 타게 하였다. 자신의 평범한 삶에서 상식을 벗어 던져버리고 도전을 하였던 것이다.

인류역사의 모든 발전은 호기심에서 시작되었다고 해도 과언이 아니다. 앞 장에서도 일화가 나왔던 발명왕 에디슨은 사물에 대한 호기심으로 출발하여 아주 기발한 아이디어로 인류의 역사를 발전시켰다. 만약 그가 없었다면 우리는 현재 음악을 들을 수도 없고, 밤에 공부를 할 수도 없고, 일을 할 수도 없었을 것이다. 에디슨은 어렸을 적에 공부도 못하는 말썽 꾸러기였다. 그래서 학교에서 쫓겨 나기도 하였다. 그는 호기심이 너무 많아서 공부는 뒷전으로 미루고 닭의 알을 품는 등의 괴기한 행동으로 정상적인 사회생활을 할 수가 없었다. 누가 봐도 에디슨은 문제아였다. 그러나 그 '문제아'가 지금의 인류 역사를 창조해 냈다.

사람은 누구나 호기심으로 인하여 지금의 내가 된 것이다. 우리는 어렸을 때부터 주변에 있는 모든 사람이나 사물에 대해 호기심을 가지고 있다. 갓 태어난 어린 아이는 사물에 대한 호기심으로 인해 손을 뻗쳐 물건을 잡아 보게 하는 도전을 부여한다. 6~7개월이 되면 오뚝이 같은 장난감을 손으로 치면서 팔을 움직이면 물체가 따라서 움직이는 것을 신기하게 여기고 같은 행동을 반복하면서 논다. 2세쯤 되면 또래들과 놀 기회가 많아져 남자나 여자의 외모나 목소리에도 흥미를 가지는 등 호기심의 범위도 넓어진다. 3세 무렵이 되면 사물에 대하여 궁금한 것을 자주 물어 보게 된다. 그러다 어느 정도 성장하게 되면 호기심이 사라진다. 호기심의 충족이 많을수록 호기심은 더욱 커진다. 그러나 호기심을 해결하지 못하는 순간 호기심은 사라지기 쉽다. 호기심이 사라지는 순간 주변에 대한 모든 것에 큰 관심이 없어지게 된다.

일본의 소니(Sony)는 세계적인 게임기 회사로 회사에서 필요한 핵심인재의 조건으로 호기심, 마무리에 대한 집착, 사고의 유연성, 낙관론을 가진 사람을 꼽았다. 호기심이 없는 사람은 죽은 사람과 마찬가지며. 사고의 유연성이 없는 사람은 혼자 사는 사람이며, 낙관이 없다면 그에게는 실패만이 기다리는 사람이기 때문이란다.

성공하는 삶을 위해서 우리는 항상 '호기심의 안테나'를 세워놓아야 한다. 호기심은 세상에 대한 관심, 내 일에 대한 적극성의 다른 표현이기도 하다. 결국 호기심 때문에 행운이 발견이 되는 것이다. 호기심을 잃지 않는 사람에게는 아무리 어려운 상황 속에서도 행운이 열리기 마련이다. 호기심이 창의력을 키우고 창의력이 호기심을 만든다.

행동의 능동성만이 새로운 행운을 만들어 주는 것이 아니다. 생각의 능동성은 더 큰 행운을 만들어 준다. 행동의 능동성만을 가지고 도전하는 것은 무계획적이고 무엇을 향한 도전인지 방향성도 없다. 그러므로 구체적으로 생각의 능동성을 키워 사고의 폭을 키워주고 그 생각을 토대로 행동을 한다면 분명한 방향성과 함께 더 진취적이고 빠르게 움직일 수 있다.

결국 호기심이란 내면에서 일어나는 폭풍 같은 것이다. 그 폭풍을 잠재우는 것이 아니라 그 폭풍 속 소용돌이 속에서 폭풍을 일으키는 원초적인 것이 무엇인지 알아나가는 것이 호기심을 해결해 주는 것이다.

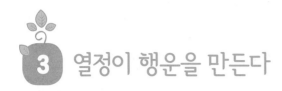

3 열정이 행운을 만든다

열정은 행운의 원동력이다. 성공에 이르는 과정에는 수많은 난관과 시련이 도사리고 있다. 그래서 많은 사람들이 이겨내지 못하고 포기하게 만드는 원인이 된다. 따라서 실패와 좌절 속에서 자신의 원래의 꿈을 목표에 도달할 때까지 도전할 수 있는 힘, 그 힘은 바로 열정에서 온다. 열정은 불타오르는 듯한 세찬 감정을 말한다. 따라서 열정이 있으면 행운을 발견하기가 쉽다.

주변을 돌아보면 거의 실현 불가능한 것처럼 보이는 목표의 실현을 위해 무모하리만치 저돌적으로 돌진하는 사람이 있는가 하면 별로 대단하지도 않은 난관 앞에서 주저앉아 무기력하게 하루하루를 보내는 사람도 있다. 결국 열정이 있는 사람에게는 행운이 만들어 질수밖에 없고, 열정이 없는 사람에게는 있던 행운도 사라지게 된다.

왜 이런 차이가 생기는 것일까? 달리 말하면 열정의 크기나 강도가 왜 사람마다 다른 것인가? 이 문제에 대한 해답을 얻기 위해서는 열정이라는 것이 도대체 무엇에 기인하여 생기는 것인가를 살펴볼 필요가 있다.

열정은 다양한 계기를 통해 생겨난다. 우선 첫 번째로 생각할 수 있는 것은 사명감이다. 인류를 구원하기 위해 십자가에 못 박힌 예수, 평생을 헐벗고 가난한 사람을 위해 헌신했던 테레사수녀, 그리고 혁명가로 살다 39세의 젊은 나이에 이국땅 남미 볼리비아에서 죽음을 맞이한 체 게바라, 청량리에서 무의탁 노인들을 돌보는 최일도목사, 음성 꽃동네를 설립하여 불우노인, 장애인을 위해 헌신하고 있는 오웅진 신부 등 이런 분들이 그 좋은 예가 될 것이다.

그렇다고 사명감이 종교인이나 혁명가만의 전유물은 아니다. 1914년 영국군의 의무단에 자원했던 세균학자 플레밍은 수많은 부상병들이 박테리아로 득실거리는 심한 상처를 고통스럽게 참고 있는 것을 보고 상처 없이 세균을 제거하는 항생제를 찾아내기로 자신의 사명을 정했으며, 강력한 항생제인 페니실린을 발견하였다.

이들은 자신에게 부여되었다고 생각하는 사명의 완수를 위해 때로는 보통 사람들이 희구해 마지않는 안락과 부귀까지 희생해가면서 불타는 열정으로 삶을 꾸려나간다. 아니 그들에게는 희생이라는 생각조차 별로 없다. 희생이란 누군가를 위해 자신의 삶의 일부를 포기하는 것이지만 그들은 달성하고자 하는 사명의 실현을 위해 일하는 그 자체가 자신의 삶을 보다 충실하게 하는 것이라고 생각하기 때문이다. 개인을 구원하고 사회를 바꾸고 새 시대를 열어간다는 사명감이 그들로 하여금 고난이나 역경에도 굴하지 않고 목표실현을 위해 나아가는 열정을 불러일으키는 것이다.

열정의 두 번째 원천은 호기심이다. 호기심하면 에디슨이 먼저 떠오를 정도로 어릴 적부터 호기심이 많았던 에디슨은 직접 병아리를 부화하려고 알을 품기도 했고, 기차간에서 실험을 하다 화재를 내기도 했지만 결국 세계에서 가장 많은 발명특허를 내면서 20세기 인류의 생활을 편리하게 만드는 데 가장 크게 기여한 인물로 기억되게 되었다.

결국 사명감과 호기심을 갖게 되면 열정에 불타오르게 되고, 불타오르는 열정은 행운을 만들어 준다. 행운을 만들고 싶으면 모든 일에 열정을 가져야 한다. 이러한 열정을 가지기 위해서는 첫째 자신이 진정 원하는 것이 무엇인지를 구체적으로 그려보아야 한다.

원하지 않은 일, 하고 싶지 않은 일, 희망이 보이지 않는 일을 할 때는 있는 열정도 사라지기 때문에 모든 일에 열정을 가지고 임할 수 있다면 좋겠지만 진정으로 자신이 원하는 일이 아니면 매사에 열정적일 수 없다는 것이다. 그러므로 매사에 열정적으로 도전적으로 삶을 꾸려 가기 위해서 자신이 원하는 것이 무엇인지 우선 목표가 있어야 한다는 것이다. 그 목표를 향해서 한 걸음 한 걸음 나아 갈 때 마음 깊은 곳에서 열정이라는 샘이 마르지 않고 솟아오른다는 것을 느끼게 될 것이고, 그 열정 속에서 행운이 만들어지고 있다는 것을 알게 될 것이다.

4 포기하지 않으면 행운은 온다

　사람들은 좋은 것을 보면 하고 싶고, 갖고 싶은 마음을 갖는다. 그러나 원하던 목표가 빨리 달성되면 괜찮지만 자기가 원하는 시간보다 많이 걸리면 중간에 포기하기 쉽다. 갖고는 싶지만 포기하는 이유는 끈기가 없거나 난관에 부딪힌 경우다. 행운도 마찬가지다. 행운이 찾아오길 기다리다가도 너무 늦게 찾아오면 스스로 포기하게 된다. 그러나 행운이 올 때까지 포기하지 않아서 성공한 사람들은 꼭 그들이 원하는 행운을 얻게 된다. 영국의 데이빗 리빙스턴이나 손정의씨는 언젠가는 자신에게 행운이 꼭 올 것이라는 믿음에서 포기하지 않고 끝까지 행운을 기다렸기 때문에 성공한 사람들이다.

　재일교포 손정의는 최근 일본사회는 물론 전 세계를 깜짝 놀라게 하는 사건을 만들어낸 디지털 시대의 영웅이다. 일본 언론은 그를

「일본의 빌 게이츠」라고 부른다. 그러나 그에게 빌 게이츠는 더 이상 선망의 대상이 아니다. 오히려 빌 게이츠는 그가 꿈꾸는 세상을 만들기 위한 협력자에 불과하다.

일본에서 태어나 자란 그를 빌 게이츠를 능가하는 디지털 전쟁의 영웅으로 만든 것은 잡지에 게재된 IC(직접회로)칩의 사진 한 장을 보고, 일본 규슈지방의 한 고등학교 2학년 때 더 이상 배울 것이 없다고 느껴 가족들의 맹렬한 반대를 무릅쓰고 미국으로 건너간다. 미국 고등학교에 들어간 그는 2주 일만에 고등학교 과정을 끝마친 후 캘리포니아 버클리대학에 진학한다.

그후 그는 하루에 한건씩 연간 2백50건의 발명을 하겠다는 결심을 하였다. 주변의 사람들은 그의 결심을 허황된 것이라고 생각하였지만 그는 결심한대로 이루어 냈다. 또한 열아홉살 때 음성번역기를 개발하여 일본의 대표적인 정보통신회사 샤프와 마쓰시타에 첫번째 비즈니스를 하였다. 마쓰시타가 미친놈이라고 거들떠보지도 않았던 그의 발명품은 샤프에 의해 비로소 빛을 보게 됐다. 1백만 달러의 특허료를 샤프로부터 받아 쥔 그는 곧바로 귀국해 스물네살의 나이에 동경에 소프트뱅크사를 설립했다. 창업 첫날 그는 사과 궤짝위에 올라서서 아르바이트 직원 2명이 전부인 사원 앞에서 첫번째 조회를 열고 다음과 같은 비전을 밝혔다.

"우리 회사는 5년 이내에 1백억 엔, 10년 후에는 5백억 엔 그리고 앞으로 1조 엔대의 기업이 될 것이다."라고 연설을 하였고 그는 15년 만에 1백31억 엔(韓貨 약 1천48억원)에 달하는 이익을 내는 세계적인 기업으로 성장했다. 이제 그는 2천억 엔이 훨씬 넘는 개인자산을 자랑하는 디지털 전쟁시대의 새로운 영웅이 됐다.

평범한 사람이라면 한 가지도 이루기 어려운데 데이빗 리빙스턴은 여러 분야에서 최고가 되었다. 데이빗 리빙스턴이 더욱 위대한 것은 비전을 준비할 때마다 역경이 찾아왔지만 그는 그 역경을 포기하지 않음으로 인하여 행운이 찾아와 성공한 것이다. 손정의도 남들은 알아주지 않았어도 비전을 가지고 실천하다 보니 결국은 행운이 찾아와 성공하였다. 데이빗 리빙스턴과 손정의는 자기가 세운 목표를 포기하지 않고 끝까지 실현하다 보니 성공하는 행운이 찾아오게 된 것이다.

결국 우리가 원하는 행운이 찾아오기를 원한다면 절대 중간에 포기해서는 안된다. 조금만 더 기다렸다면 바로 뒤에 행운이 왔다는 사실을 알게 되었을때, 우리는 조금 더 기다릴 걸이라는 후회감을 가지게 된다. 뿐만 아니라 행운을 기다리는 것을 포기하게 되면 오히려 위기가 올수 있기 때문에 포기하지 않고 행운을 기다려야 한다.

5 때를 기다리면 행운은 온다

역사 속에서 강태공이라는 사람은 때를 기다리는 지혜를 가지고 있어서 오랜 세월동안 때를 기다린 사람이다. 낚시로 세월을 보내는 사람으로 유명한 사람을 '강태공' 이라 부른다. 사실 강태공은 중국 주나라의 정치가로서 실존 인물이다. 원래 강태공의 본명은 '여상'인데 세월을 낚는다는 뜻에서 강태공이라고 하였다.

여상은 주나라 여(呂) 지방 명문가의 자손으로 태어났지만 그의 대에 이르러 가세가 기울어 생활이 몹시 궁핍했다. 그래도 언젠가는 천하를 다스리리라는 꿈을 안고 실력을 쌓았으나 백발이 될 때까지 그런 행운이 오지 않았다.

그의 아내는 허송세월만 보내는 남편을 견디다 못해 친정으로 돌아가 버릴 정도였다. 그러나 아내마저 떠난 여상은 낚시에만 전념하면서 기회를 기다렸다. 그의 나이가 70이 되어서도 행운이 반드시 올 것이라고 생각하고 포기하지 않았다.

어느날 당시 주나라 왕이던 서백이 여상을 직접 찾아왔다. 그날 서백은 사냥을 하러 가기 전에 점괘를 보았는데 무슨 영문인지 선왕인 태공이 왕을 보필할 신하가 나타나리라고 예언하는 점괘가 나왔다. 그리고 그 모습까지 하나하나 또렷이 그려 주었는데 그가 바로 여상이었던 것이다. 서백은 몇 마디 말을 건네고 됨됨이를 파악한 뒤 즉시 여상을 최고의 자리에 임명했다.

여상은 수십 년 동안 갈고 닦은 실력으로 주나라 서백을 보필하며 나라를 통치하는 데 온힘을 쏟았다. 병법과 인재등용법 그리고 군왕의 도리와 나라를 다스리는 일까지 그는 마치 인자한 친아버지처럼 서백 왕을 가르쳤다. 여상이 명재상이 되어 아버지와 다름없는 스승이라는 뜻의 '강태공'이란 이름을 얻은 것도 이 때문이다.

여상은 70년간 자기가 세상에서 뜻을 펼칠 수 있는 날을 꿈꾸면서 행운을 기다렸다. 남들은 이미 포기하고도 남을 세월인데도 불구하고 세상을 원망하지도 않고 때를 기다린 것이다. 그러나 그냥 막연하게 기다린 것이 아니라 다가올 행운에 적합한 사람이 되기 위하여 정치나 병법과 인재 등용법 같은 지식을 계속 쌓아 온 것이다.

만약 여상이 때가 오는 것을 기다리는 것을 조급하게 생각하여 미리 세상에 나가 관직에 올랐다면 그가 말년에 얻는 행운보다 못했을 수도 있다. 그러나 그는 때를 기다릴 줄 아는 사람이었고 자기를 크게 쓸 수 있는 때를 기다린 것이다.

결국 행운이 왔을 때 여상은 충분한 자격을 갖추어 놓았기에 최고의 자리에 올라갈 수 있었던 것이다. 막연한 기다림이 아니라 그 기다림도 선견지명으로 배우면서 자신이 원하는 것을 얻기 위해 노력하였다는 것이다. 때를 기다린다는 것은 아무것도 하지 않고 세월을 낚으면서 시간을 허비하는 것이 아니라 언제든지 어떤 상황이든지 준비하여 자신에게 주어진 상황이 왔을 때 그 상황에서 정면 승부를 할 수 있는 완벽함을 만들어 가는 사람이 때를 기다린다고 할 수 있다.

현시대인 디지털 시대에, 때를 기다린 다는 것은 초스피드 시대에 맞추어 IT관련 기술을 익히고 미래를 내다보면서 배우고 익혀야 한다는 것이다. 과거에 잘 나가던 일, 남들이 알아주는 일 등이 지금은 무용지물의 배움이고 누구도 알아주지 않고, 시간의 흔적을 따라 사라져 가는 것이 부지기수라는 사실을 알아 두어야 한다는 것이다. 과거에 연연하면서 때를 기다리는 것이 아니라 10년, 20년 앞을 내다보면서 준비하는 사람만이 진정 때를 기다리는 사람이다.

6 기다리면 행운은 반드시 온다

사람은 때를 기다릴 줄 알아야 한다. 주식 투자할 때도 때를 잘 기다려야 한다. 비쌀 때 주식시장에 들어가면 손해를 볼 수 있고, 싸다고 주식시장에 들어가면 오히려 더 지수가 빠져서 손해를 볼 수 있다.

행운도 마찬가지다. 행운은 너무 빨리 와도 준비되어 있지 못하면 행운으로의 의미를 갖지 못하게 된다. 반대로 너무 늦은 행운도 이미 행운으로서는 의미가 없어지는 경우가 있다. 여행자가 목이 마르지도 않은데 샘물을 발견한다면 행운으로서 가치를 얻기가 어렵다. 또한 여행자가 목이 엄청 말랐을 때 샘물을 발견했다면 행운을 제때에 만난 것이지만, 이미 물을 구해서 마신다음 샘물을 발견하면 샘물은 그저 샘물일 뿐인 것이다. 따라서 행운은 때에 맞게 찾아와야 한다.

기회는 언젠가는 누구에게나 온다. 그러나 진득하게 기다리지 못하고 안절부절하면 빨리 와도 늦게 오는 것처럼 느낄 수 있다. 그러나 기회가 언젠가 온다는 생각으로 진득하게 기다리면 분명 찾아오고 만다.

일본 오카노 공업의 사장인 오카노 마사유키씨는 초등학교 학력이 전부이지만 금형과 프레스로 큰 성공을 이룬 입지전적 인물로, 그는 세상을 다음과 같은 시각으로 바라보았다.

"내 나이가 올해로 70이다. 이렇게 적잖은 세월을 살면서 나는 제2차 세계대전 , 올림픽, 호황, 10년 불황 등 온갖 일을 겪어봤다. 내 인생도 세월의 흐름에 따라 부침을 거듭했다. 그러면서 우리 생활은 말할 것도 없고, 사회나 나라에도 좋을 때가 있으면 나쁠 때가 있음을 알게 되었다. 그렇지만 진득하게, 정성을 다해 사는 사람에겐 돌고 돌아서 반드시 기회가 온다. 한없이 불행이 계속될 것 같지만 겨울이 가면 봄이 오듯이 좋은 시절도 찾아오는 것을 내 눈으로 지켜보았다."

결국 인생을 좀 더 길게 보고 조망해 본다면 행운은 반드시 온다. 그러나 조급한 사람들은 금방 행운이 오지 않는다고 지쳐서 자포자기하면 행운은 그 때 갑자기 다가왔다 사라지고 만다. 따라서 어떤 일이든 원하는 행운이 있다면 간절히 바라면서 진득한 여유를 가지고 기다려 보자. 그러면 행운은 어느새 내게 다가오게 된다. 우리의 인생이 가치가 있는 것은 바로 행운이 언제든 온다는 희망 때문에 살만한 가치가 있는 것이다. 행운이 온다는 희망이 없다면 이 세상은 절망 그 자체이며, 매일 인생이 주는 고통이 너무 커서 자살하는 사람이 부지기수 일 것이다. 그러나 사람이 절망에 빠져서도 자살하지 않는 이유는 바로 희망이 있기 때문일 것이다.

그래서 나는 어떤 시대 상황에서든 언제든 행운이 온다는 낙관과 희망에 승부수를 던지고 싶다.

제6장

행운과 위험은 공존

위험 속에 행운이 숨어 있다

행운은 늘 우리 주변을 스쳐지나간다. 그러나 아무나 볼 수 있는 건 아니다. 간절한 마음으로 찾아 헤매는 사람에게만 보인다. 가만히 있으면 행운이 코앞을 지나가도 그게 행운인지조차 모른다. 위기도 잘만 활용 하면 행운이 된다. 영웅은 난세에 나고, 부자는 급변기에 태어난다. 변신할 수 있는 행운이 찾아오면 코앞의 이익에 연연해서는 안 된다.

행운은 종종 위기라는 먹구름 속에 숨어 있다. 성공하는 CEO는 아무리 큰 위기가 몰려와도 등을 돌리지 않는다. 그 먹구름 속에 숨어 있는 행운이 무엇인가를 두 눈 부릅뜨고 꿰뚫어 본다. 주위를 살펴보아도 자신들이 불행해 지거나 위기에 처했을 때, 그것을 스스로의 행운으로 삼는 경우는 드물다. 오히려 다른 누군가의 위기나 불행을 자신의 행운으로 삼는 경우를 더 많이 볼 수 있다. 위기와 행운이 빈번하게 찾아오는 기업들의 세계에서도 회사에 찾아온 위기를 행운으로 삼게 되는 일 보다 기업의 위기를 다른 기업들이 행운으로 활용하는 이야기를 더 쉽게 찾아볼 수 있다.

수많은 노트북 생산업체에 노트북의 배터리를 공급하던 거대기업 소니(Sony)에 위기가 찾아왔다. 소니에서 노트북배터리를 공급받아 생산하던 델(Dell)의 노트북이 폭발하는 사고가 보도되었다. 그 후, 잇따른 소니 배터리의 폭발사고가 보도되었고, 소니에서 노트북배터리를 공급받아 사용하던 수많은 노트북 제조사들은 소니 노트북배터리의 리콜을 요구하였다. 사고가 발생했던 델 뿐만 아니라 애플(Apple), 도시바(Toshiba), 아이비엠(IBM), 레노바(Lenovo), 마쯔시다(Matsusita), 파나소닉(Panasonic) 등 수많은 업체들에서 리콜한 배터리의 개수는 무려 770만개에 달했다. 소니가 생산한 노트북 배터리의 폭발사고로 인해 소니의 순익은 무려 94%나 급감했다고 한다. 소니의 배터리 폭발사고로 인한 리콜이라는 불행이 그 후 소니에게 행운이 될 수 있었을까. 오히려 2차 전지 생산의 경쟁관계에 놓여 있던 우리나라의 LG화학, 삼성SDI 등의 업체들이 반사이익을 얻어 수익을 늘릴 수 있는 계기가 되었다.

비단, 소니의 노트북 배터리사건 뿐만 아니라 누군가의 위기를 다른 이들이 행운으로 삼는 사례는 수없이 많이 찾아볼 수 있다.

기업과 기업 사이뿐만 아니라 개인과 개인 사이에서 비슷한 사례를 찾는 일은 더욱 쉽다. 나보다 더 좋은 성적을 내던 친구가 성적이 떨어지면 오히려 경쟁관계에 있는 나의 석차는 오르게 된다. 누군가가 복권을 구입해서 당첨이 되지 않아 복권을 구입한 만큼의 금전적인 손해를 보게 된다. 그리고 당첨되지 않은 수많은 사람들의 손해를 통해 복권에 당첨된 누군가는 당첨금을 탈 수 있게 된다. 누군가가 손해를 얻게 되면 그 손해 덕분에 이익을 보게 되는 또 다른 누군가가 있기 마련이다. 전화위복의 사례보다 다른사람의 손해로, 그로 인한 이득을 보게 되는 제로섬(zero-sum)의 사례를 더 쉽게 찾아볼 수 있다. 전화위복이라는 말처럼 불행을 복으로 바꾸는 사례는 자주 찾아보기는 힘들다. 그럼에도 전화위복의 행운이라는 말을 많이들 사용한다.

　　많은 사람들이 흔히 저지르는 오해가, 불행이 닥친 후에 요행으로 얻는 행운을 두고 전화위복이라는 말을 사용하고, 그렇게 이해한다는 것이다. 전화위복의 참 뜻은 어떠한 위기나 불행이 찾아와도 끊임없이 노력하면 불행을 행복으로 바꾸어 놓을 수 있다는 뜻이다. 종종 전화위복의 의미 중에서 '노력'이라는 단어는 쏙 빠진 채 새옹지마와 비슷한 의미로 사용되기도 하는데 이것은 의미를 잘못 사용하는 것이다.

　　전화위복과 새옹지마는 유사한 말이기 때문에 사람들은 종종 오해를 갖곤 한다. 전화위복과 새옹지마는 둘 다 정말 좋은 말이다. 새옹지마는 인생에서 길흉화복은 끊임없이 바뀌는 것이므로 불행이 오더라도 꼭 행복한 일이 찾아 올 것이라는 긍정적인 마음을 가지자는 말이고, 전화위복은 불행이 오더라도 끊임없이 노력한다면 불행으로 인해 행복을 얻을 수 있다는 말이다. 내용은 다르지만 유사한 부분이 많아 종종 두 말을 혼동하여 사용하는 경우가 많이 있다.

한번 실패를 겪었던 기업들이 실패하기 전보다 더욱 크게 성장한 후에 그들은 당시 겪었던 실패가 전화위복의 행운이었다는 말들을 종종 하곤 한다. 전화위복의 행운이었다는 말을 쓰는 기업들의 성공은 단지 한번 실패를 겪었기 때문에 요행으로 갑작스런 행운을 얻은 것은 아니다. 그들은 실패 이후에 행운을 얻기 위해, 행운을 만들기 위해 뼈를 깎는 것 보다 더한 고통을 견뎌내고 노력을 했다. 전화위복이란 말의 잘못된 이해로 인해, 단지 운이 좋았다는 것 정도로 치부한다면 그들의 피나는 노력에 대한 큰 실례이다.

노트북 배터리로 최대의 위기를 맞았던 소니라는 거대 기업도 위기를 함께 극복해서 더 크게 성장할 수 있었던 기회가 있었다. 경쟁업체들에게 2차 전지 시장을 모두 빼앗겨 회사가 도산의 위기에 빠졌을 때, 그 위기를 기회 삼아 고품질의 제품을 생산해 내 더 큰 신뢰를 얻게 되어 위기가 행운의 전화위복이 되었다. 소니의 행운은 요행이 아니라 그 뒤에는 위기를 극복하기 위한 그들의 피나는 노력이 있었던 것이다.

이처럼 위기와 기회는 동전의 양면처럼 늘 함께 온다. 위기와 함께 찾아온 기회는 나보다 다른 사람들에게 훨씬 더 가까운 행운이다. 그 행운을 내 것으로 만드는 방법은 강인한 정신력과 의지로 위기를 기회로 반전시키려는 노력뿐이다. 전화위복의 행운이라는 것도 노력이 없다면 날 위한 행운이 아닌, 다른 사람들을 위한 행운일 뿐이다. 편안하고 좋은 것만 선택하려고 한다면 전기가 있어야 켜지는 텔레비전이나 기름을 넣어야 움직이는 자동차처럼 둘 중 하나라도 없다면 무용지물 이라는 것을 알고 위험속의 행운을 맞이하라.

2 위기를 극복하면 행운이 온다

위기는 위험한 고비나 시기로서 사람이라면 누구나 위기가 찾아온다. 그러나 평범한 사람들은 위기가 찾아오면 위기를 회피하기 위하여 노력한다. 실패한 사람들은 위기가 오면 낙담과 비관 속에 빠져 괴로워한다. 그러나 성공한 사람들은 위기가 오면 극복하려고 한다.

아무것도 하지 않는 사람에게는 위기도 찾아오지 않는다. 그러나 행운을 갖기 위하여, 가지려고 노력하거나 도전하면 할수록 위기는 더욱 많이 찾아온다. 역사적으로 성공한 사람들을 보면 그들은 위기가 다가올수록 더욱 도전하고 노력하여 극복하면서 행운이 찾아오고 성공을 이룰 수 있었다.

처음 전화기를 발명한 벨은 그의 통신 실험이 성공했으면서도 불구하고 사람들은 그를 정신병자라고 생각하였다. 굳이 말로 전달해도 되는 것을 장난감 같은 기계를 만들어서 대화를 하려고 하였기 때문이다. 벨에게는 수많은 노력의 결과가 비난이었기 때문에 커다란 위기였다.

벨이 평범한 사람이었다면 아마도 위기에서 벗어나기 위해서 전화기 발명을 하지 않았을 것이다. 그러나 벨은 위기를 극복하기 위하여 성공하여야 한다고 생각했다. 결국 전화기를 발명하여 특허를 얻었다. 벨이 전화기를 발명하던 당시, 세계 최고의 전신회사이던 웨스턴유니언 사장은 벨이 음성전화 기술 특허를 10만 달러에 팔겠다고 제안했을 때 일언지하에 거절했다. 주변 사람들도 벨의 전화 발명을 '장난감'이라며 시큰둥한 반응을 보였다. 또 한번의 위기가 찾아 왔다. 벨에게는 지금까지의 모든 노력이 수포로 돌아갈 수 있었기 때문이다.

그러나 그는 포기하지 않고 벨이라는 자신의 본명을 딴 전화기계 제조회사를 차려 그 동안 연구비로 쓴 돈의 몇 만 배나 더 많은 돈을 모을 수 있었다. 웨스턴유니언 사장 오톤과 벨의 전화기를 우습게 보았던 사람들은 벨의 전화기가 바로 자신에게 평생 부자가 될 수 있는 행운을 가져다줄 수 있었는데도 불구하고 스스로 행운을 차버린 것이다. 그들은 다들 자신이 행운을 차버린 것에 대하여 죽도록 후회하였다.

미국의 전설적인 홈런타자 베이브 루쓰(Babe Ruth)도 야구를 시작하면서 1,330번이나 삼진아웃을 당하는 위기를 맞았지만, 우리는 그가 날린 714개의 홈런만을 기억하고 있다. 그는 수많은 위기에 좌절하지 않고 극복해 전설적인 홈런타자라는 행운을 갖게 된 것이다.

농구의 황제 마이클 조던도 초등학교 때부터 시작해 열두 살에 농구의 MVP로 선정 되었으나 고등학교 때는 성적이 부진해서 학교 대표팀에서 탈락하는 위기를 맞았다. 그러나 그 일을 계기로 자신의 실력을 증명하기 위해 끊임없이 노력한 결과 그는 지금의 농구의 황제가 되는 행운을 갖게 된 것이다.

미국의 극작가 루이스 라모르는 100편이 넘는 서부 소설을 쓴 베스트셀러 작가이다. 그는 첫 원고의 출판하기까지 출판사로부터 350번이나 거절당하는 위기를 맞았다. 그러나 그는 출판이라는 행운을 얻기 위하여 위기를 극복하고 끝까지 도전하여 훗날 미국 작가로서는 최초로 의회가 주는 특별 훈장을 받는 행운을 갖게 되었다.

이처럼 성공한 사람들일수록 위기를 많이 경험하게 된다. 그러나 그들은 목표를 이루기 위하여, 위기를 극복하기 위하여, 도전하고 노력함으로써 위기를 기회로 바꾸었을 뿐만 아니라 행운까지 찾아 왔다. 남들과 다르다는 것은 이미 위기를 가지고 태어난 것이나 마찬가지다. 그 위기를 극복해서 성공했기 때문에 성공한 사람들의 성공은 더욱 값진 것이다.

위기를 두려워하지 말자, 위기를 극복하면 바로 행운이 찾아온다. 행운이 찾아 올 때까지 위기를 참아보자. 그럼 행운은 반드시 찾아온다. 사람들은 위기를 극복하지 못하고 사라져 간 사람을 기억하지 않는다. 위기를 극복하고 행운으로 만들어 이겨 낸 사람들의 이야기가 위인전이 되고 영웅전이 되는 것이다.

남을 위해서 남들에게 기억되기 위해서 위기를 극복하는 것은 아니지만 우리는 많은 역사 속의 인물들 속에서 그들이 위기를 어떻게 극복하고 위기와 맞서 극한 상황을 어떻게 넘겼는지 배운다. 어느 누구도 위기를 극복하고 이긴 사람을 기억하지, 극복하지 못하고 역사 속으로 사라져 간 사람들을 기억하지 못한다는 것이다.

위기를 극복하는 것은 기본적으로 자신과의 싸움에서 승리를 한 것이고 역사의 한 페이지를 만들어 낸 것이다. 당신 또한 이야기의 주인공이라는 사실을 기억하고 위기에 맞닥뜨렸다고 생각될 때 미래에 과거의 그 사건을 어떻게 이야기 할 수 있을지 상상하기 바란다. 당신은 역경을 돌파하고 정면 승부할 수 있는 용기를 얻게 될 것이다.

3 고난과 행운은 같이 온다

사람으로 살아가는 한은 누구에게나 한두 번의 고난은 찾아온다. 심한 경우에는 수도 없이 많은 고난을 경험하는 사람도 있다. 사람에 따라서는 조그만 고난이 찾아와도 움츠려 들거나 고통에 아파서 어쩔 줄 모르는 사람도 있다. 그러나 하늘이 무너져도 솟아날 구멍은 있다고, 우리에게 주어진 고난은 극복할 수 있기 때문에 고난인 것이다. 극복할 수 없으면 그것은 고난이 아니고 숙명인 것이다. 과거를 돌이켜 보면 분명히 고난이 찾아오면 행운도 같이 왔던 것을 알 수 있다. 고난 속에 있는 행운을 잘 찾아내면 고난은 극복되지만, 행운을 찾아 내지 않으면 그것은 고통이 된다.

고난과 위기의 크기는 고난이 크면 클수록 고난 속에 있는 행운도 크다. 그러나 고난이 작으면 행운도 작다. 따라서 고난이 크다고 두려워하지 마라. 10분의 1의 고난 때문에 나머지 10분의 9의 더 큰 인생을 포기해서는 안 된다. 고난이 오면 행운은 반드시 오기 마련이다. 고난이 크면 반드시 그 고난 속에는 큰 행운이 숨어있기 때문이다.

배를 타지 않고 바다를 건널 수 없듯이 꿈이 있는 사람은 꿈을 실현하기 위하여 도전을 해야 한다. 목표를 향한 항해 중에는 순풍이라는 행운을 만날 때도 있지만 때로는 비바람과 강풍과 같은 고난을 맞을 수도 있다. 고난이 두려워 배를 타고 이동하지 않는다면 자신의 꿈을 실현할 수 없고 비로소 배를 타야만 자신의 꿈을 실현할 수 있는 행운에 가까이 갈 수 있는 것이다.

때로는 배를 타지 않고 가만히 있는데도 고난은 찾아온다. 그것은 바로 세상의 변화이다. 세상의 변화에 맞춰 자신을 변화시켜야 하기 때문에 항상 고난을 몰고 온다. 세계적인 증권투자가인 조지소로스는 사회가 변화 되면 그 시기에는 삶의 적응방식이 바뀌고, 사회의 변화에 적응하지 못하는 사람은 고난을 겪고, 반대로 삶의 적응방식에 빠르게 적응하는 사람은 큰 행운을 얻는다고 했다. 조지 소로스의 말대로, 빠른 사회의 변화에 적응할 때는 큰 행운도 오지만, 적응하지 못하는 사람들에게는 재앙으로 다가올 수 밖에 없다.

철학자 니체는 "풍파는 언제나 전진하는 자의 벗이다. 차라리 고난 속에 인생의 기쁨이 있다. 풍파 없는 항해는 얼마나 단조로운가! 고난이 심할수록 내 가슴은 뛰노라."라고 하였다. 그는 풍파와 같은 고난이 오면 두려워하는 것이 아니라 오히려 풍파가 즐겁다고 하였다. 풍파가 즐거운 사람은 아무도 없을 것이지만 니체는 풍파를 이겨내는 것을 즐겼다.

풍파가 없다면 그저 평범한 일상의 연속이라 세상 사는 것이 재미없지만 풍파가 오면 그것을 극복하려고 노력하는 과정에서 많은 것을 얻을 수 있었던 것이다. 그는 풍파가 오면 피하지 않고 정면으로 부딪혀 자신을 변화시키는 행운과 어려움을 극복할 수 있는 능력을 얻은 것이다. 남들에겐 고난인 풍파가 니체에게는 인생에 진정한 행운을 주는 멘토였던 것이다.

우리의 인생길은 어쩌면 가시밭길과 같다. 목표를 향해 항해하는 배가 풍파를 만나지 않고 조용히만 갈 수는 없다. 인생을 순탄하게만 사는 길보다, 험난하게 사는 것이 때로는 더 값진 보람을 얻을 수 있다.

고난을 나쁜 것이라고 피하려고만 한다면 행운이 같이 온 것도 모르게 된다. 그러나 다가온 고난을 어떻게 극복할 것인가 대처하려고 노력하면 그 고난 속에는 반드시 행운이 들어 있다. 따라서 고난을 고통이라고 피하려고만 하지 말고, 고통도 인생에 교훈을 주는 멘토라고 생각해보라. 그러면 고난이 고통이 아니라 나의 인생을 풍요롭게 만드는 스승이 된다. 따라서 고난 속에는 행운이 숨어있다는 기쁜 마음을 가지고 고난을 기다려보자. 그러면 고난은 행운으로 변해서 미소로 우리에게 다가온다.

성공한 사람들은 불행과 고통을 신념으로 정복하는 사람들이다. 우리는 보통 성공한 사람들의 피와 땀을 보지 못하고 화려한 결과만을 부러워하고 있다. 조지소로스는 고난과 행운이 같이 온다고 했다. 어려움 속에는 반드시 큰 행운이 숨어 있고 이 행운을 놓치지 않고 잡는 사람들이 있다. 타인에게 고난이고 고통이 나에게 행운이 되는 경우가 있다. 20여년 전 IMF때 실직과 경제적 어려움으로 가정이 파탄 나고 노숙자라는 이름으로 거리에 부랑자들이 넘쳐 날 때 그 반대에서는 넘쳐나는 부랑자들보다 더 많은 부를 잡아 내는 사람들이 있었다. 이렇게 고난과 성공은 공존하면서 어떤이에게는 행운으로 다가온다. 산 정상에 오르기까지 얼마나 힘이 드는가. 그 과정을 넘어 정상에 오르면 성취감과 같은 행운이 찾아오는 것이다.

4 행운은 위기 속에서 더욱 크다

사는 것이 재미없다는 생각이 들고 기회가 오지 않아 인생이 답답하다는 생각이 들면 의도적으로 위기를 만들어 보라. 위기가 없으면 편안한 삶, 고난 없는 삶을 살 수는 있지만 목표도 생기기 어렵고 현실에 안주하게 된다. 현실에 안주하게 되면 매너리즘에 빠지기 쉽고, 그로 인해서 항상 2%의 갈증을 느끼면서 인생을 살아야 한다. 결국 너무 편한 삶은 오히려 자신에게는 마이너스 인생이 되기 쉽다.

적당한 스트레스가 적당한 흥분을 주어서 오히려 건강에 도움이 되듯, 적당한 위기는 위기를 헤쳐 나가려는 의욕을 심어주고 결국은 자신을 변화시키는 행운이 된다. 개인에게도 위기를 만드는 것은 새로운 목표의식을 갖게 하고 살아야 겠다는 강한 생존 본능을 심어준다.

엄홍길은 평범한 삶을 사는 것보다 등산을 통해 자신에게 위기의식을 심어 존경받는 산악인이 되었다. 그는 아시아 최초이자 세계에서 8번째로 에베레스트 산 최고봉 14좌를 모두 올랐다. 그는 산을 오르면서 자신의 다리 뼈가 부러지기도 하고, 추워서 얼어 죽을 뻔도 했고, 졸음을 이기기 위해 10시간 동안 말을 해야 했고, 한 명씩 사고로 죽어 가는 동료를 보고 산을 오른 것을 후회하고, 포기도 생각했었다. 그러나 그는 여기서 멈추면 자신에게는 평범한 삶이 기다리고 있다는 것을 알고 있었기에 모든 것을 이겨내게 되고 위대한 산악인이 되었다.

기업에서도 회사가 정체되면 의도적으로 위기와 긴장감을 조성함으로써 새로운 변화를 추진하게 만드는 계기가 되도록 하기도 한다. 이러한 경영기법을 위기경영이라고 한다. 위기경영을 통해 발전을 거듭하고 있는 회사가 있다. 바로 세계 최고의 자동차 업체인 도요타다.

도요타의 성공 비결은 조직 내에 항상 창조적 분위기와 긴장감을 조성하기 위하여 노력하였다. 따라서 끊임없이 조직의 분위기를 창조적 분위기로 바꾸려고 일상화된 위기 경영을 하였다. 도요타의 CEO인 오쿠다 히로시 회장은 '타도 도요타' 없이 도요타의 진정한 발전은 없다며, 현재의 성공에 절대 만족하거나 안주하지 말 것을 강조한다.

이와 같은 상시 위기 경영을 통해 도요타의 전 직원들은 위기의식을 느끼고 과거에 성공의 밑거름이 되었던 지식이나 시스템 등을 과감히 버리고 끊임없이 제도나 기술을 개선, 또 개선을 추진해 나가 오늘날 세계적인 기업이 되었다. 대부분 1등이 되면 머무르려고 하는 속성이 있는데도 불구하고, 도요타는 자신의 1등에 만족하지 않고 1등을 이기는 특등의 변화를 요구하고 있어 1등을 달리는 우리나라의 기업과 개인에게 신선한 충격을 주고 있다.

사람에게는 적당한 '도전거리'가 있어야 한다. 자기가 도달하고자 하는 목표가 없다면 무미건조하고 무기력하게 될 것이다. 지나간 시간들을 회상해 보자. 편하고 좋을 때보다 고통과 고뇌 속에 힘겨웠던 일들이 더욱 추억되고, 그때의 역경을 이겨내는 과정에서 보람을 찾았을 것이다. 자신의 삶이 단조롭다고 생각하면 위기를 조성해보라. 위기를 잘 극복하고 나면 행운이 올 것이고 행운이 왔을 때 순간을 놓치지 않고 잡아 내어 보아라. 그러면 인생이 살맛이 난다.

5 실패로부터 행운을 배워라

세계적인 문학가 셰익스피어는 "역경이 사람에게 주는 교훈만큼 아름다운 것은 없다"라고 했다. 과거의 아픔은 바로 미래를 살아가는데 교훈이 된다는 것이다. 과거의 아픔 중에 하나가 바로 실패이다. 실패는 나름대로의 목표를 정하고 이를 추진하는 과정에서 원하는 결과를 얻지 못한 상태를 말한다.

항상 새로운 것을 시도하는 도전은 실패의 위험이 크고 성공을 보장할 수 없다. 그래서 대다수는 실패할 위험을 감수하기보다는 당장 큰 문제가 없으면 현상을 그대로 유지하려고 한다. 실패는 무언가를 시도하지 않으면 오지 않는 것이므로 인생에서 실패를 경험할 수 있는 행운도 많지 않다. 따라서 실패의 결과를 무시한다면 너무나 안타까운 일이다.

세계적인 소프트웨어 회사인 마이크로소프트의 빌 게이츠 회장은 실패를 부정적인 것으로 받아들이지 않고 변화를 위해 필요한 경험으로 받아들인다면, 오히려 창조와 성공의 가능성을 높일 수 있는 행운라고 이야기한다. 실패가 변화와 혁신의 중요한 행운이 될 수 있다는 것을 강조하는 이야기이다.

사람이 실패를 하면 실패의 원인이 무엇인지, 그리고 실패를 극복하기 위해서는 어떤 역량이 필요한지를 고민하는 과정에서 교훈을 얻게 된다. 실패를 통해 교훈을 얻으면 또 같은 일이 생길 때 다시는 그런 일이나, 그렇게 하지 않도록 하는 중요한 계기가 되며, 일을 선택하는데 결정적인 기준을 제공해준다.

하지만, 실패의 교훈을 살리지 못하면, 이는 오히려 새로운 시도나 변화를 가로막는 패배주의를 학습하는 계기가 될 수 있다. 옛말에 '자라보고 놀란 사람이 솥뚜껑 보고 놀란다'는 말이 있다. 자라와 솥뚜껑은 분명히 다른데도 불구하고 자라보고 놀란 것이 계기가 되어 오히려 패배주의를 배워 솥뚜껑까지도 자라처럼 보이는 것이다. 한번 실패한 사람이 패배주의를 배우게 되면 오히려 모든 일을 하지 않으려고 움츠리게 된다.

인생에서 성공의 행운을 만나는 것도 쉽지 않지만 실패를 만나는 행운도 많지 않다. 따라서 실패가 헛되지 않으려면 실패를 통해 교훈을 얻어야 한다. 교훈을 얻게 되면 실패가 행운이 될 수 있지만, 실패를 통해 패배주의를 배우면 오히려 실패는 독약과 같은 것이 된다.

제7장

행운은 원하는
사람에게만 온다

1 행운은 꿈이 있는 사람에게만 온다

미래학자인 앨빈 토플러와 쌍벽을 이루는 미래학의 대부로 불리는 짐 데이토 미 하와이대학 미래전략센터 소장이 있다. 앨빈 토플러는 제3의 물결 즉 정보화 혁명이 온다고 하였으며, 짐 데이토는 제4의 물결로는 드림혁명이 온다고 하였다. 드림혁명은 모든 사회가 꿈과 이미지에 의해 좌우되는 꿈의 사회가 도래된다는 것을 의미한다. 꿈의 사회는 경제성장의 원동력이 기존의 정보에서 꿈과 이미지로 넘어가고 국가의 핵심경쟁력이 상상력과 창조성에 의해 좌우되는 시대를 의미한다. 결국 미래사회는 꿈만 꾸면 원하는 대로 이루어지는 사회가 된다. 꿈만 꾸면 이루어지는 사회이므로 창조력과 상상력이 달라야 행운이 온다고 할 수 있다.

초고속 성장가도를 달리고 있는 두바이의 변화를 보면 미래사회가 꿈이 실현되는 꿈의 사회임을 충분히 알 수 있다. 두바이는 아랍 에미레이트연방을 구성하는 7개국 중의 한 나라로, 아랍어로(語)로 '메뚜기'를 뜻하며, 토후국 중 유일한 국제 무역항으로 발전하여 중계 무역지가 되었다. 약 1세기전 석유가 발견되어 생산되기 이전에 두바이는 작은 촌락에 불과했었다. 그러나 석유가 발견되고 개발이 이루어지면서 두바이에는 고속도로가 뚫리고 하늘을 찌르는 마천루가 들어서 사막위의 신기루처럼 도시가 생성된 것이다.

두바이의 모하메드 국왕은 올해 초 "우리는 과거에도 성공했기에 미래에도 성공할 것이다"라는 대국민 메시지를 발표했다. 모하메드 국왕의 비전 하나로 두바이는 지난 5년간 평균 경제성장률 13% 달성과 2005년 1인당 국민소득 3만3,000달러를 기록하는 등 모래와 바다밖에 없는 나라에서 세계 제일의 비즈니스 도시로 탈바꿈되고 있다.

뿐만 아니라 두바이는 팜 주메이라라는 거대한 인공섬에 주택과 호텔이 들어섰다. 두바이의 이 거대 인공섬 프로젝트는 세계에서 가장 큰 간척사업으로, 비즈니스 허브로서의 싱가폴과 홍콩, 또 유흥 도시로서의 라스베가스를 따라잡으려는 두바이의 야심찬 계획 중 핵심이라고 할 수 있다. 2006년 11월에 처음으로 입주민을 들인 팜 주메이라는, 앞으로 6만명이 거주하고, 32개 호텔과 수십개의 상점에서 5만명이 종사하고 있다. 현재까지도 1만4000명의 노동자들이 밤낮으로 일하고 있으며 또 수백만톤의 모래와 바위 등이 쉴새없이 들어오고 있다.

두바이는 원래 사막의 작은 촌락에 불과했지만 석유라는 행운이 산유국으로 바뀔 수가 있었고, 산유국으로서만 만족하지 않고, 꿈에서만 볼 수 있는 세상을 만들기 위하여 다양한 꿈을 꾸었다. 결국 남들이 꾸지 않았던 꿈을 꾸고 꿈의 실현을 위해 항상 준비하였다.

모하메드 국왕의 꿈에 의해 행운을 맞은 두바이의 사례에서 볼 수 있듯이 미래는 꿈과 상상력의 크기에 따라 달라질 것이 분명한 만큼 꿈과 상상력은 행운을 주는 것이다. 따라서 행운을 갖고 싶다면 꿈을 꾸어 보라. 그러면 행운은 당신 옆에 와 있게 될지도 모른다. 최소한 꿈을 꾸지 않는 사람들에 비하여 행운의 기회는 많아질 것이다.

2 행운은 비전이 있는 사람의 것이다

비전이 없다는 것은 우리의 인생이 죽은 것과 다를 바가 없다. 비전이 있으면 정확한 목표가 있기 때문에 목표를 달성하는 일이 고되고 힘들어도 즐겁다. 그러나 비전이 없으면 목표가 없으므로 재미가 없다. 또한 억지로 해야 한다는 수동적인 자세로 일을 대하기 때문에 성과도 없다. 결국 비전이 없으면 우리의 인생은 즐겁지 못하지만, 비전이 있으면 자신의 꿈을 실현하기 위해서 살아가기 때문에 우리의 인생은 행복해진다.

미국의 샌프란시스코에 있는 리츠칼튼 호텔에서 있었던 일이다. 리츠칼튼 호텔에서 근무하는 사람들이 매우 많았는데 그 중에서 방을 청소하는 역할을 담당한 버지니아 아주엘라라는 사람이 있었다.

대부분의 사람들은 그녀를 궂은 일이나 하는 청소부라고 무시했지만 그녀는 자신의 일이 손님들에게 깨끗한 환경을 만들어서 기쁨을 주는 서비스를 제공하는 일이라고 생각하고 즐거워하였다. 그는 자기 일에 긍정적인 생각을 가지고 손님들에게 자신만의 독특한 방법으로 감동을 주자는 생각을 가지게 되었다. 그래서 자신이 서비스한 객실의 고객들에 대한 특성과 습관을 일목요연하게 정리하여 두고 그 고객이 다시 호텔에 방문하였을 때 취향에 맞는 객실 서비스를 제공하여 고객들에게 감동을 선사하였다. 후에 그녀는 호텔 종사원에게 주어지는 가장 영예로운 상을 수상하게 되었다.

만약 그녀가 남들이 생각하는 대로 궂은 일이나 하는 청소부라고 자신을 창피하게 생각하거나 쑥스러워했다면, 평생을 힘든 청소부 일만 해나갔을 것이다. 그리고 자신의 어려운 인생을 비관만하면서 살아갔을 것이다. 그러나 그녀는 똑 같은 청소부 일이었지만 손님을 즐겁게 하는 것이 가치있는 일이라고 생각하면서 손님들을 즐겁게 해야겠다는 비전을 가졌고, 비전을 가지고 청소를 하니 일자체가 행복을 가져다주었다. 뿐만 아니라 비전을 가지게 됨에 따라 구체적인 전략을 갖고 손님들에게 감동을 줄 수 있는 방법을 실천함으로 가장 영예로운 상도 받을 수 있었다.

이처럼 버지니아 아주엘라는 남들은 보잘것없는 직업을 가지고 있다고 무시했을 지라도 비전을 가지고 있었기 때문에 남들보다 행복한 삶을 살 수 있다는 것을 보여준 사례다.

여러분은 비전이 주는 행복을 느껴 보셨는지요? 아직 비전이 주는 행복을 느껴보지 못했다면 비전을 가져보십시오. 내일 아침이 유난히 찬란해 보일 것입니다.

미국에서 태어난 헬렌켈러는 세상에 태어난 지 9개월 만에 큰 병을 앓아 시력을 잃었고, 귀로는 들을 수 없게 되었으며, 입으로는 말도 할 수 없는 '삼중고'의 가련한 장애인이 되었다. 그는 모든 장애를 다가지고 있으면서도 하버드 대학을 졸업하였으며 유명한 저서까지 남기었다. 헬렌 켈러는 자신의 불행에 좌절하지 않고 불가능을 극복하여 장애인들에게 성공의 상징으로 큰 힘과 용기를 주었다. TIME지는 헬렌켈러를 20세기의 위대한 100명의 인물에 선정하기도 하였다. 헬렌켈러는 "가장 불쌍한 사람은 시력은 있지만 비전이 없는 사람"이라고 말했다. 이는 꿈이 없는 사람은 시력을 잃은 것보다 불쌍하고, 말을 못하는 것보다 불쌍하고, 듣지 못하는 것보다 불쌍하다는 것을 의미한다. 반대로 장애를 가졌더라도 꿈이 있는 비전만 있으면 행복하다는 것을 의미한다.

비전이 있는 사람과 비전이 없는 사람 간단한 구분이지만 실제로는 엄청난 차이를 가져온다.

A와 B는 S대학 사범대학교 동창생이었다. A는 단순히 교사가 되고 싶다는 생각에, B는 대학원을 진학하고 박사를 해서 교수가 되고 싶다는 비전을 가지고 사범대학에 진학하였다. 결국 A는 졸업하고 원하던 교사가 되었다. 그러나 B는 자기의 비전인 교수가 되기 위하여 대학원을 진학하였고, 박사과정에 들어가서 7년 이란 세월을 더 공

부하였다. A는 B의 노력이 부질없어 보이는 듯하였다. A는 B에게 고생하지 말고 자기처럼 현실과 타협하기를 권고하기도 하였다. 그러나 B는 자기의 삶을 고생이라고 생각하지 않았다. 그는 자기의 비전이 확실하기 때문에 꿈을 실현해 가는 과정이라고 오히려 즐거워하였다. 결국 B는 원하는 교수가 되었다. 이들 두 친구는 중년이 되어서도 자주 만났다.

둘은 교육현장에 있으면서 교육의 문제점을 너무 잘 알고 있었다. 그러기에 교육의 현안 문제들을 해결하여 세상을 변화시켜 보고 싶은 욕망이 생겨났다. A는 자신의 욕망을 실현하려고 노력했지만 자신이 가르치는 학생들과 학부형들 그리고 주변의 동료 선생님들에게 비전을 알리는 것이 고작이었다. 자신의 욕망을 실현시키기 위하여 오랜 세월이 걸린다는 것을 알고 그는 평범하게 늙어가기로 결심하였다. 직장 생활이 안정되고 편안했지만 비전이 없었으므로 직장생활에 대하여 점점 싫증을 느끼게 되었다. 결국 평범한 교사로서 만족하고 정년을 맞이하여 사람들의 뇌리에서 잊혀져가는 생활을 하고 있다. 반면에 B는 교육문제를 해결하기 위한 자신의 비전을 주변에 알릴뿐만 아니라 정부에 제안을 하거나 연구와 저서를 통해서 교육문제를 지적하고 해결방법을 제안하였다. 사람들은 B의 견해에 대하여 주목하였고 그의 이야기를 듣고자 하는 사람과 존경하는 사람이 증가했다. 결국 교육계에서 덕망 높은 학자로서 정년을 맞이할 수 있었다. 퇴직 후에도 사회에 공헌한 일들로 인하여 끓임 없는 사회로부터 필요한 존재가 되었으며 지금도 바쁜 생활을 구가하고 있다.

A와 B의 차이가 무엇일까? 그것은 비전이 있느냐? 없느냐? 의 차이이기도 하며, 비전이 크느냐? 작느냐?의 차이였다. A는 비전이 없었거나 작았다. 그러나 B는 비전이 있었으며 컸다는 것이다. 시작은 같았지만 이처럼 비전의 차이에 의하여 우리의 인생은 극명하게 차이를 만들어 준다.

여러분들은 비전이 있습니까? 또한 큽니까?

3 행운은 비전이 잉태한다

행운은 우연히 찾아오는 것이 아니라 준비하는 사람의 것이라는 말이 있다. 성공을 기대도 하지 않았는데 찾아오는 법이 없다는 말이다. 성공을 기대하지 않는 사람에게는 성공할 수 있는 행운이 찾아와도 성공인지를 모르고 지나가는 경우가 대부분이다. 따라서 정확한 비전을 가지고 있어야 성공할 수 있다.

일본인들이 많이 기르는 관상어 중에 '코이(KOI)'라는 관상용 잉어가 있다. 이 잉어를 작은 어항에 넣어 두면 5~8센티미터 밖에 자라지 않지만, 아주 커다란 수족관이나 연못에 넣어 두면 15~25센티미터까지 자란다고 하고, 강물에 방류하면 90~120센티미터까지 성장한다고 한다. 놀랄 만큼 성장할 수 있는 코이가 어항 속에서는 조무래기가 되는 이유는 어떤 환경이든 쉽게 스스로 적응해버리기 때문이다. 익숙해진다는 것은 이렇게 무서운 것이다. 자기가 숨 쉬고 활동하는 세계의 크기에 따라 조무래기가 될 수도 있고 대어가 되기도 하는 것이다. 비전이란 '코이'라는 물고기가 처한 환경과도 같지 않을까? 더 큰 비전을 꿈꾸면 더 크게 자랄 수 있고, 성공하는 삶 역시 항상 커다란 비전과 함께 시작된다. 코이의 크기를 결정하는 것은 비록 환경이지만 어떠한 환경을 선택할 것인가 하는 것, 즉 우리 스스로를 어항에 머물도록 할 것인지 커다란 강으로 인도할 것이지 결정하는 것은 바로 우리 자신이기 때문이다.

그러나 어떻게 생각하면 이 '비전을 찾는다는 것'은 정말 쉬운 일이 아니다. 비전과 목표라는 것은 누군가 나에게 쥐어주는 것일 수도 있고, 스스로 세울 수도 있다. 한번도 비전을 어떻게 찾아야 하는지를 배워본 적이 없는 사람에게는 비전을 달성하는 것 이상으로, 자신의 비전을 찾는 방법을 아는 것은 쉽지 않다는 것이다. 그 이유는 자신의 마음속 깊이 인정하지 않은 비전과 목표의 경우 달성하기도 쉽지 않을 뿐더러, 달성한다고 해도 행복하지 못하기 때문이다. 비전을 좀 더 쉽게 찾기 위해서는 다음과 같은 방법을 권하고 싶다.

성공하기 위한 개인과 조직의 비전은 현실적이어야 한다. 희망적인 단어들의 나열이라면 현실과 동떨어질 수밖에 없다. 성공하기 위해서는 자신이나 조직의 현실을 정확히 인식하는 것과 미래에 대한 변화방향을 인식하고 비전을 수립하는 것은 매우 중요하다. 예를 들면 "나는 무엇이 되는 것이 좋을까?", "나의 적성에는 어떤 일이 가장 맞을 것인가?", "내가 가장 잘 알고 쉽게 접근할 수 있는 일은 무엇일까?", "지금하는 일에 대하여 좀 더 폭 넓은 지식을 얻기 위해서는 어떻게 해야 할까?", "지금하는 일과 어떤 일을 병행하면 더욱 효과적일까?", "미래에는 어떤 일을 하면 좋을까?" 등에 대한 충분한 사고를 통하여 자신에게 맞는 비전을 세워야 한다.

성공하기 위하여 비전을 세웠다면 그 비전을 달성하기 위하여 어떤 종류의 노력이 얼마만큼 필요한가라는 정확한 목표를 세워야 한다. 그 목표에 부합하는 구성 요인들을 계획하고 분석하면 그만큼 목표를 잘 달성할 수 있다. 따라서 정확한 목표를 설정하기 위해서는 "내가 행동을 취했을 때 나타나는 결과가 무엇인가?", "목표를 달성했을 때의 성과는 구체적으로 어떻게 될 것인가?", "목표 달성에 대한 구체적인 날짜와 시간은 어느 정도 필요한가?", "목표 달성에 대한 재정, 인적자원, 물적 자원은 어느 정도 필요한가?", "목표 달성을 위해 투여한 자원들에 비하여 얻는 것은 얼마나 되는가?" 등 가성비가 고려되어야 한다. 결국은 목표와 그 목표를 위해 얼마나 계획적으로 생활하고 흔들림 없이 지켜나가야 하는 것이 행운을 만드는 기본이 될 것이다.

4 비전이 커야 행운도 크다

비전의 크기를 잡는 것은 우리의 마음이다. 비전을 크게 잡을 수도 있고, 작게 잡을 수 있다. 일부의 사람들은 자신이 처음 시작하는 시점에서는 꿈을 작게 잡는 경우가 많다. 그러나 옛말에 "호랑이를 그리려다 못 그리면 고양이를 그리고 고양이를 그리려고 하면 아무 것도 못 그린다."라는 속담이 있다. 이는 꿈을 크게 그리면 비전을 다 실행하지 못하여도 상당히 성공에 가까이 가나 비전이 작으면 결국 실패할 확률이 높다는 것을 의미한다.

비전을 설정하기 위하여 투여해야 하는 노력은 큰 비전이나 작은 비전이나 같다. 따라서 이왕 같은 노력을 들일 바에는 꿈은 크게 그려보자. 역사 속에는 커다란 비전을 가짐으로 인하여 자신의 성공은 물론 세계를 변화시킨 인물들이 많다. 그 중에서도 칭기즈칸만큼 커다란 꿈을 그리고 이를 실현시킨 사람은 많지 않다.

칭기즈칸은 워싱턴포스트지에서 "세계를 움직인 가장 역사적인 인물" 중 첫 번째 자리로 뽑히면서 역사 속에 새롭게 등장하였다. 그는 혹독한 역경을 딛고 일어서서 개방적이면서도 카리스마가 넘치는 리더십을 가지고 세계를 지배하였으며 그가 세운 세계 정벌 기록은 누구도 깨기 어렵게 하였다. 그래서 그런지 요즘 TV사극의 방영과 함께 20여권의 책들의 주인공으로 칭기즈칸이 등장하면서 칭기즈칸의 리더십에 대하여 관심을 가지는 사람들이 늘어가고 있다.

칭기즈칸의 성공은 그냥 이루어진 것이 아니다. 수많은 역경과 고난 속에서도 준비된 리더였다. 개방적 사고로 능력만 있으면 노예나 외국인을 가리지 않고 등용하였으며 성과가 있는 장병에게는 똑 같이 상을 나누어 주었다. 황제였지만 왕궁을 짓지 않고 천막에서 비단 옷을 입지 않고 백성들과 같은 생활을 하였다. 국민들에게 아버지와 형으로서 나라를 통치하였다. 가족이나 삼촌들도 법을 어기면 엄격하게 법을 적용하였으며, 항복하는 나라는 우방이 되었으나 저항하는 나라에게는 잔혹한 정벌자가 되었다.

그러나 이러한 리더십보다 더욱 강력했던 장점은 커다란 비전을 소유하였다는 것이다. 칭기즈칸은 일찍이 과거에도 없었고 누구도 가능하리라고 생각하지 않았던 것을 가능하게 만든 대단한 비전을 소유하였었다. 자신의 목표를 공동의 목표로 만들어 목표가 달성되기가 무섭게 곧 다음의 새로운 공동목표를 만들어 쉬지 않고 달리도록 그의 부족을 이끌어 갔다. 그리고 그 비전은 나라를 만드는 것, 주변 국가로부터의 위협을 없애는 것, 아예 중원을 경영하는 것, 나아가 천하를 통일하는 것, 그리고 그 천하는 중국 땅을 넘어 사람이 살고 있는 모든 땅으로 계속 커져만 갔고 그 꿈들을 하나씩 하나씩 실현시켜 나갔다.

칭기즈칸은 자신의 꿈을 실현시키기 위하여 병사들과 백성들에게 멀티 플레이어가 되어야 적은 인원으로 멀리 있는 큰 나라들을 정벌할 수 있다는 것을 가르쳤다. 그래서 빠른 속도를 낼 수 있는 기마병 위주로 군을 편성하고 멀티 플레이어 장병들을 육성하여 세계 정벌의 꿈을 이룬 것이다. 국민들은 불가능하다고 생각한 세계 정벌을 칭기즈칸의 리더십으로 인하여 가능하다는 것으로 인식이 바뀐 것이다. 칭기즈칸의 성공 비결은 자신이 세운 커다란 비전을 공유함으로 인하여 국민들에게 희망을 주었기 때문이다. 그의 리더십은 오늘날 우리에게 필요한 리더십이라 할 수 있다.

만약 칭기즈칸이 유목민의 아들로서 목동으로 크겠다는 비전을 가졌다면 그는 목동으로 성공하였을 것이다. 그러나 그는 세계를 정복하겠다는 커다란 비전을 가졌기 때문에 세상을 정복하여 세계 역사상 가장 위대한 정복자가 되었다.

비전을 가지고 있는 사람은 그 비전을 이루기 위한 출발을 해야하는데, 그 비전을 성취하기 위한 출발점은 항상 현재이다. 인생의 최종목적을 확정한 사람은 현실로 돌아와서 현재의 상황을 분석하고 새로운 출발을 해야 한다.

비전이 크면 클수록 현실에 더욱 충실해야 한다. 현실적으로는 게으르고 나태하면서 '무언가 큰일을 이룰 수 있겠지?'라고 생각하는 사람은 비전을 가진 사람이 아니라 망상에 사로잡혀 있는 사람이 되기 쉽다.

여러분들의 비전은 어떤 크기를 갖고 있습니까?, 자신의 생활의 변화만을 원하십니까?, 아니면 직업을 원하십니까?, 아니면 세상을 변화시키려는 꿈을 그리십니까? 그렇다면 현실에는 얼마나 충실하신가요?

5 비전 앞에는 절망이 없다

영국의 데이빗 리빙스턴은 선교사이며 일반인들에게 지리학자이며, 탐험가로 알려져 있다. 그는 선교사가 되기 위해 의학과 신학을 공부한 사람이었다. 그는 "비전을 가진 사람은 그것을 달성할 때까지는 절대로 죽지 않는다"고 말했다. 그의 삶은 실전에서도 그랬다.

그는 어린 시절 매우 가난했다. 그래서 방적공장에서 방적공이 되어 돈을 벌게 되었다. 그는 매일 반복되는 삶에서 희망이 보이지 않았다. 그러나 그는 환경에 굴복하지 않고 자신의 장래에 대해 생각해 보았다. 희망이 없는 지금에서 벗어나 할 수 있는 새로운 일은 무엇이 있을까 고민하다 중국에 의료선교사가 필요하다는 말에 마음이 끌렸다. 그래서 선교사가 되어야 하겠다는 목표를 가지고 대학을 진학하여 의학공부를 했고, 그러면서 선교사가 되는 공부를 시작하여 선교사가 되었다. 그러나 영국과 중국 사이에 아편전쟁이 발발해 있었고 본국에서는 더 이상 선교사를 보내지 않기로 결정한 것이었다.

결국 그는 오랫동안 자신이 꿈꾸어온 선교사의 꿈이 좌절될 수밖에 없었으나 꿈을 접지 않고 남아프리카에서 선교사로 헌신하게 됐다. 그는 남아프리카의 여러 곳을 탐험하며 선교활동을 하였다. 그러나 12년 동안의 노력에도 불구하고 단 한 명의 신도 밖에는 얻지 못한 결과에, 능력없는 선교사인 자신에게 환멸을 느끼게 되었고, 4년 간 탐험되지 않은 지역으로 4,000마일을 여행하였다. 그는 열악한 환경에 항상 질병에 시달렸으며 그의 동료들을 앗아갔다. 그러나 그의 성공에 대한 의지는 그 어떤 난관도 굴복시키지 못하였다. 그는 4년 간의 남들이 가지 않았던 아프리카 횡단을 마치고 고향에 돌아가 영웅대접을 받았다. 그는 다시 옥스퍼드 대학에서 법학 박사학위도 받았으며, 그가 집필한 「선교여행과 남아프리카 탐험」(1857)이란 책은 미지의 세계인 아프리카로 들어 갈 수 있는 안내서가 되었으며, 베스트셀러가 되었다. 이처럼 데이빗 리빙스턴은 방직공, 선교사, 탐험가, 밥학자, 베스트셀러 저자 등 남들은 한 가지도 제대로 못하는데 여러 분야에서 성공한 인물이었다.

평범한 사람이라면 한가지의 성공을 이루고 그 자리에 머물기를 원하지만 데이빗 리빙스턴이나 앞에서 언급했던 재일교포 손정의는 한 가지 분야도 아닌 여러 분야에서 최고가 되었다. 데이빗 리빙스턴이 더욱 위대한 것은 비전을 준비할 때마다 역경이 찾아왔지만 그는 그 역경을 포기하지 않음으로 인하여 성공과 행운이 찾아왔기 때문이다. 손정의도 남들은 알아주지 않았지만 비전을 가지고 실천하다 보니 결국은 행운이 찾아와 꿈을 이룬 입지전 적 인물이다. 데이빗 리빙스턴나 손정의의 성공의 원동력은 항상 비전을 세우고 간절한 마음으로 실현해 나가는 노력에 더하여 행운까지 찾아 왔기 때문이다.

6 행운은 나이와 상관없다

　행운은 연령과 성별을 구별하지 않고 누구에게나 똑같이 찾아온다. 나이 든 사람들은 가끔 이 나이에 무슨 행운이 찾아오겠냐고 한탄하면서 자포자기하기도 한다. 그러나 역사 속에는 많은 나이에도 행운을 만나 성공한 사람이 많다. 앞에서도 거론했지만 강태공은 숱한 세월을 낚시로 보내면서 다가올 행운을 위하여 준비하다 70의 나이에 행운이 와서 명재상이 되었다. 김대중 대통령도 수많은 고난과 역경을 딛고 72세의 늦은 나이에도 불구하고 행운이 찾아 와 대통령이 되었다. 이렇듯 나이는 숫자에 불과하다는 말처럼 노익장을 과시하는 세계적인 지도자들도 수없이 많다.

　나이에 상관없이 행운을 만들어 성공한 사람으로 좋은 예를 들어보면 홀랜드 샌더스의 사례를 볼 수 있다.

세계 어느 나라에서나 치킨 패스트푸드 체인점인 KFC 앞에는 흰 양복과 지팡이를 들고 기분 좋게 서있는 한 노신사를 언제나 만날 수 있다. 그가 다름 아닌 KFC의 창업자 홀랜드 샌더스다. 그는 어린 시절부터 어려운 역경의 삶을 살았지만 좌절하지 않고 행운을 기다리다 66세의 나이에 도전을 시작하여 성공한 사람이다.

홀랜드 샌더스는 6세에 아버지를 잃고 어릴 적부터 동생들을 돌보며 요리를 자주하게 되었다. 가난한데다가 어머니마저 재혼하여 초등학교를 중퇴하고 10살부터 생활터전에 나섰다. 갖은 고생 끝에 주유소를 마련한 그는 주유소 뒤에 있던 창고를 개조하여 닭튀김 요리를 파는 간이식당을 열었다. 40세 때 식당이 번창하자 닭튀김으로 세상을 지배하자는 비전을 가졌다. 그는 아예 주유소를 그만두고 음식점에만 몰두하여 성공한 사업가로 변신했다. 그러나 경영악화로 식당을 경매로 잃어 66세에 알거지가 되었다. 그는 좌절하지 않고 그의 비전을 실현시키기 위하여 KFC 프랜차이즈를 생각해 내었다. 그는 흰색 캐딜락에 압력밥솥과 튀김 양념을 가지고 다니면서 체인점에 가입시키기 위하여 전 미국 지역 식당 주인들을 찾아다녔다. 그는 단순히 요리법만 전수하는 것에 그치지 않고, 며칠간 그 곳에서 머물면서 흰색 정장을 하고 손님들에게 자신이 튀긴 닭을 직접 팔기 시작했다. 그러한 샌더스의 열정에 반한 음식점 주인들이 하나 둘 그와 계약을 맺기 시작했고 결국 70세에 200개가 넘는 체인점을 확보하는 데 성공했다.

그는 '죽는 날까지 열심히 일한다'는 비전을 새로 세우고 죽을 때까지 일을 하였다. 자신의 경영능력에 한계를 느껴 회사를 다른 사람에게 팔고 자신은 다시 그 회사에서 월급을 받으며 자문과 홍보 역할을 맡았다. 결국 KFC를 세계적인 패스트푸드 체인점으로 번성시켰으며 90세까지 열심히 그의 비전을 실현하였다.

이렇듯 우리사회도 이미 2000년에 고령화사회로 접어들었고, 2020년에는 65세 기준 14퍼센트를 윗돌아 초고속으로 고령사회로 진입했다. 고령화 사회의 기준은 노인의 나이 65세를 기준으로 7퍼센트가 넘어서면 고령화 사회라고 한다. 이것은 우리사회에 또 다른 것을 시사한다. 제2의 인생이라는 말로 현재 시니어들의 활발한 활동을 기대하고 또한 유도하고 있다. 이렇듯 다양한 분야에서 제2의 인생을 시작하면서 새로운 도전과 행운을 보고 찾는 것이다. 우리의 제1의 인생은 어린 시절 우리 부모에 의해 결정되어졌지만 제2의 인생은 나이에 상관없이 우리가 선택하고 기회와 행운을 만드는 것이다.

결국 행운은 나이에 불문하고 누구에게나 찾아온다는 것이다. 단지 차이는 포기와 포기하지 않느냐, 개인의 사정, 나이가 많고 적음 등 핑계를 만드는 차이뿐이다. 포기하게 되면 행운은 비켜 가거나 더 많은 위험과 위기로 중무장을 하고 달려 올 것이지만, 포기하지만 않으면 행운은 언제든 행운과 성공이라는 이름으로 찾아 온다는 것이다.

7 비전이 없으면 행운도 없다

저자는 사업장에서 많은 젊은이들을 만난다. 요즘의 젊은이들에게 꿈이 무어냐고 물어보면 꿈이 없거나 깊게 생각해 본적이 없다는 이야길 자주 듣는다. 꿈이 없는 사람이 많은 사회나 국가는 희망이 없다. 결국 한국 사회가 건강해지려면 젊은이들이 꿈을 가져야 한다. 그러나 비전 없이, 아무 생각 없이 잘 살고 있는 사람들에게 비전을 가지라면 두려워한다. 비전을 가져보지 않았기 때문에, 또는 비전을 갖기 위하여 어떻게 해야 할지 몰라서 당황하는 어색함도 있다. 자신에 대한 부정적인 생각이 자신을 가로막기 때문이다.

그러나 비전을 세우는 것은 무료다, 돈이 들지 않는다. 다만 최소한의 시간이 들 뿐이다. 자기 자신을 콘트롤하여 원하는 것을 도출해 내고자 하는 마인드콘트롤(mind-control)이라는 말이 있다. 자신을 믿고 긍정적으로 생각한다면 무엇이든지 할 수 있다는 믿음을 가질 수 있다. 그러면 자연적으로 비전이 생기고 그것을 실현하면서 도전의식이 생겨 성공에 이르게 된다.

그러나 일반적인 사람들은 살면서 큰 비전을 갖지 않았기에 평범한 삶을 살고 있기에 비전을 세우기보다는 하루하루 만족하는 생활을 하고 있다. 그러다 보니 큰 비전이 필요없는 것이다. 때로는 비전을 세웠다가 현실적인 문제나 자신의 나태함으로 인하여 중도에 포기하는 경우도 있다. 이러한 경험은 다시 비전을 세우는 것에 대하여 불편한 생각을 가질 수밖에 없다. 그러나 "인생은 즐겁게 살기 위해서는 아무 일 없는 평온한 삶의 연속이기 보다는 적당한 긴장감을 가지고 사는 것이 좋다."라는 말이 있다. 따라서 실천할 수 있는 적당한 비전은 자신의 정신과 생활을 건강하게 하는 힘이 된다.

그러나 평탄한 삶을 사는 사람들보다는 대부분의 사람들은 세상을 살다보면 숱한 고난과 어려움을 겪게 되고 내 의지와 상관없는 불행의 도전을 받아야 한다. 어느 누구도 그러한 삶을 기대하지 않는다. 따라서 이러한 삶을 줄이기 위해서도 비전을 세워야 한다. 비전을 세우는 것이 세우지 않는 것 보다 성공에 이르는 확률이 높다면, 더욱이 전혀 비용이 들지 않는다면 비전을 크게 가져보면 어떨까?

하수와 고수가 바둑을 둔다고 가정해 보자. 하수는 무조건 진다는 생각을 가지고 시작하나 고수는 어떤 일이 있어도 이길 수 있다는 생각으로 바둑을 둔다. 바둑을 둘 때도 하수가 아무리 고민을 하고 나름대로 신중하게 돌을 놓아도 고수의 눈에는 뻔한 수일 수 있다.

그러나 하수가 포기하지 않고 계속 정진한다면 언젠가 고수가 될 확률은 있으나, 하수는 그것을 대단히 힘든 일이고 엄청난 인내를 요구한다고 생각하여 포기하는 경우가 대부분일 것이다. 하지만 고수들은 자기의 꿈을 끝까지 버리지 않고 도전한다면 달성할 수 있다고 말한다.

이처럼 성공한 사람들이 이루어냈던, 불가능해 보이는 일들을 보통사람들도 충분히 이룰 수 있는 일로 판단하는 경우가 종종 있지만 이것은 그야말로 착각일 뿐이다. 성공한 사람들은 평범한 사람들과는 다른 세상을 보는 안목과 접근 방식을 가지고 있기 때문이다. 콜럼부스가 달걀을 세운 것처럼, 정주영회장이 이룬 물막이처럼 다른 사람들이 어려워하는 것들을 성공한 사람들은 우리가 보기에는 아주쉽게 이루어내고 있다. 그러나 그들의 성공은 로또에 당첨되듯 바로만들어지는 게 아니라 오랜 기간 동안 고생하며 준비를 해 왔다는 것을 알아야 한다. 18세기 초에 영국의 유명한 건축가 크리스토퍼 우렌경이라는 사람이 있었다.

그 우렌 경이 영국에 바울 성전이라고 하는 큰 성전을 짓게 되었다.

그가 성전을 잘 설계해서 이제 공사에 들어가게 되었다.

공사가 진행되는 어느 날 우렌 경은 그 공사 현장에 평복으로 갈아입고 순회를 하면서 제일먼저 만난 석공에게 이렇게 물었다.

"당신은 지금 무엇을 하고 있습니까?"

그 석공은 묻는 이의 얼굴도 쳐다보지 아니하고

"아침부터 저녁까지 여섯 자 길이 석자 폭의 돌만 깎고 있지요."
라고 퉁명스럽게 답변을 했다. 우렌 경은 다시 다른 곳으로 걸어가다
가 어느 석공을 만나서 똑같은 질문을 그에게 던졌다. "당신은 지금
무엇을 하고 있습니까?"

그 석공은 매우 아니꼽다는 말투로 무뚝뚝하게, "입에 풀칠하게
위해서 이 짓을 하고 있습니다." 라고 투덜거리면서 대답했다. 우렌 경
은 다시 한참을 걸어가다가 또 한사람의 석공을 만났다. 그에게 역시
같은 질문을 던졌다. "당신은 지금 무엇을 하고 있습니까?"

그때 그 석공은 이렇게 답변을 했습니다.

"선생님께서 보시는 데로 이렇게 부족한 사람이 세계적으로 유명
한 우렌 경의 지휘 밑에서 거룩하고 장엄한 바울사원을 건축하고 있
습니다. 저로써는 얼마나 자랑스럽고 영광스러운지 모르겠습니다." 라
고 대답을 했다.

그 이야기를 들은 우렌 경은 매우 고무되어서 모든 어려운 역경
을 잘 극복하면서 바울 대 사원의 공사를 잘 마쳤다고 하는 일화가
있다.

이렇듯 같은 장소에서 똑같은 일을 하지만 자신이 하는 일에 대
한 비전이 있고 없고는 일의 진행과 함께 성과에도 엄청난 영향을 미
치는 것이다.

여러분 비전을 세우는 것에는 두려워하지 말아야 한다. 비전이

있으면 노인도 젊은 것이고 비전이 없으면 청년도 늙은 것이라는 말이 있다. 여러분은 영원한 청년으로 사는 방법을 택할 수 있다. 비전은 공짜다. 단지 실천하느냐 실천하지 않느냐의 차이가 성공을 말해 줄 뿐이다.

제8장

행운을 잡아라

1 능력이 있어야 한다

    21세기 경쟁시대 속에서 살아남는 법은 바로 배우는 데 있고 배우는 시기는 정해져 있지 않다. 목표가 성공을 위한 네비게이션이라면 배움은 성공의 가속도를 붙여 주는 엑셀레이터다. 21세기의 비교 대상은 학력이 아니며, 재력도 아니고, 능력도 아니다. 그것은 바로 배움이다. 배움과 경험을 바탕으로 하지 않는 능력은 기울어진 능력이지 않을까 싶다. 올바른 배움으로 지식의 체계가 자리를 잡아야지 그렇지 못하고 잘못된 배움에서 비롯되는 잘못된 지식은 사회에서 적용하면 실수를 일으키는 원인이 되기도 한다. 그리고 지식만큼 중요한 것이 지혜이다. 그렇다고 지식과 지혜가 무관하다는 것은 아니다. 기본적인 지식이 토대가 되어야 진정한 지혜가 있는 것이다.

    지혜란 모든 지식을 통합하고, 살아 있는 것으로 만들며, 구애받지 않는 뛰어난 의미로서의 감각이라고 한다. 그러므로 고정된 지식으로 지혜를 다 표현하기에는 역부족인 것이다.

우리의 배움이 단순하게 학문적인 지식의 무장을 위해서라면 그 배움의 의미는 퇴색 될 것이다. 그래서 명문대 졸업장이 없을지라도 기본 상식이 없는 사람이 되어서는 안 된다. 자신의 운명을 바꾸고 싶다면 먼저 자신의 생각을 바꾸어야 한다. 생각을 바꾸고 싶으면 먼저 배우는 능력을 길러야 한다. 공자께서도 "많이 알수록 운도 더 좋다"라는 말을 남겼다.

배운다는 것은 학문적으로 졸업장을 뜻하는 것이 아니다. 물론 학문적인 졸업장도 우리에게 수많은 행운을 제공해 주고 있다. 하지만 우리가 정규교육과정에서 배우는 학문만으로 우리의 배움이 다했다고 할 수 없다. 사실 현실은 우리가 정규 교육과정에서 배우는 학문과는 동 떨어진 지혜와 지식을 필요로 하는 경우가 많다. 그러므로 우리는 다양한 분야에 경험으로 많은 능력을 길러야 한다. 이것은 당신이 정규교육과정이 끝나도 쉴 없이 많은 것을 배워야 한다는 것이다. 기본지식과 지식을 바탕으로 이루어진 지혜로 무장한 사람과 대적하면 아무리 싸워도 이길 수 없기 때문이다.

2 부족함을 채워야 한다

능력을 키운다는 것은 학문에 조예가 깊어 많은 지식을 담고 있는 것일 수 도 있고 사람과의 관계 맺기에서 남들보다 탁월한 소질이 있어 인맥관리에 뛰어난 것일 수도 있다. 또 창의력이 탁월해 일반인이 생각할 수 없는 수많은 아이디어로 무장된 것일 수도 있고 언어 구사 능력이 탁월한 언어의 마법사와 같은 달변인을 능력이 뛰어나다고 할 수 도 있다. 춤과 노래에 뛰어난 재능을 가지고 있으면서 남들을 기쁘게 해주는 재능도 또한 우리가 부러워하는 탁월한 재능중에 하나이다. 이런 능력은 때로는 본인의 의지와는 상관없이 선천적인 것일 수도 있지만 선천적인 능력이 없어도 상관없다.

그것은 자신의 부족함을 안다면 얼마든지 채워나갈 수 있기 때문이다. 좋은 인맥을 맺고 싶다면 수많은 ON-OFF LINE상에 존재하는 내가 원하면서 필요로 하는 모임에 참석해서 활동을 하며 자연스럽게 인맥을 만들어 가면 되는 것이다. 지식을 성장 시키고 싶다면 또한 배우면 되는 것이다. 직장생활을 해서, 시간이 없어서라는 핑계가 통하지 않는 시대에 살고 있다. 셀 수 없이 많은 사이버 대학이 존재하고 학점은행제가 있고 수많은 자격증들에도 학점을 인정해 주는 시대의 중심에 당신은 서 있기 때문이다. 필요한 것, 원하는 것 무엇이든 당신이 손만 뻗으면 얻을 수 있고 성취할 수 있는 것이다. 중요한 것은 손을 뻗을 수 있고, 무엇이 필요하고 무엇을 원하든지 행동으로 옮길 수 있어야 한다는 것이다. 이렇게 내면에 하나씩 하나씩 당신이 필요한 것을 쌓아 가면 그것이 당신 스스로도 느낄 수 있고 주변 사람이 인정해 주는 당신의 능력이 되는 것이다. 배움을 게을리하지 않고 꾸준히 하였다면 배움이 끝나기 전에 원하는 것을 얻을 수 있는 행운이 당신 눈앞에 와 있을지도 모른다. 인맥관리를 하는 동안 그 속에서 당신을 눈여겨 본 사람이 당신에게 엄청난 행운을 제의할지 모른다. 주부라는 이유로 집 안에서, 때로는 취업을 했다고 해서 회사에만 매달리면서 변해가는 현실을 인식하지 못한다면 당신 주변으로 시시때때로 스쳐 지나가는 행운을 보지 못하고 우물 안 개구리처럼 그렇게 살아 갈 것이다.

'붉은 여왕의 법칙'을 알고 있는가? 「이상한 나라 앨리스」의 속편 「거울나라 앨리스」에 나오는 붉은 여왕을 빗 댄 이야기다. 붉은 여왕은 쉼 없이 뛰고 있다. 하지만 주변의 모든 것이 함께 움직이고 있어

늘 제자리다. 앨리스가 숨을 헐떡이며 말한다.

"우리나라에서는 이렇게 한참 빨리 달리면 어딘가 도착하게 되거든요" 붉은 여왕 왈 "느림보 나라 같으니! 여기서는 같은 자리를 지키려 해도 계속 달릴 수밖에 없어. 다른 곳에 가고 싶다면 최소한 두 배는 더 빨리 뛰어야 된다고!!!" 이 이야기는 모든 생명체가 끊임없이 진화하지만 환경도 빠르게 바뀌기 때문에 진보가 둔화한다는 진화 생물학. '붉은 여왕의 법칙'이다.

올라가는 에스컬레이터 위에서 걸으면 에스컬레이터 속도보다 빠르게 목적지에 도착하지만 올라가는 에스컬레이터를 거꾸로 내려온다면 세상은 변하는데 자신만 늘 제자리인 것을 이야기 하고 있다. 요즘 세상에는 의외로 이렇게 에스컬레이터를 거꾸로 내려 오는 사람들이 많다.

빠르게 변화하는 시대의 흐름을 읽지 못하고 안주하고 때로는 변화하는 시대의 흐름을 파악하면서도 급변하는 시대에 발 맞추기 힘들어 스스로 포기하고 거꾸로 내려오는 경우도 많다. 이렇게 급변하는 사회와 같이 가는 것이 두려워 거꾸로 내려오거나 변화하는 것 자체를 부정하면서 스스로 위안을 삼고 있는 사람이 당신이 아닌지 돌이켜 보아야 한다.

가장 쉬운 예가 자고 일어나면 달라지는 'IT문화'다. 빠른 속도로 변화하는 문화를 도저이 따라잡을 수 없다는 이유로 스스로 컴맹이라는 이름을 지어 붙이고 배우기를 거부한다. 핸드폰의 엄청난 프로그램들도 많은 사람들이 활용하지 못하고 그저 전화를 걸고 받는 것으로만 사용하는 경우가 많다. 젊은이들의 시각으로 세상과 발 맞추라고 충고하고 싶다.

배우고 익히는 것이 앞으로 나아가기 전에 시대의 흐름과 겨우 같이 가는 것이다. 한걸음 나아가기 전에 우선 자기 자리라도 지키기 위해 달려라. 변하지 않는 것은 흐르지 않는 고여 있는 썩은 물처럼 당신을 사회에서 서서히 퇴보하게 만들 것이다. 그러므로 오늘부터 당신의 능력을 만들어가기 위해 행동해야 한다. 끊임없이 배우고 경험하면서 적어도 올라가는 에스컬레이터를 거꾸로 내려오는 그런 바보 같은 행동을 하지는 않아야 할 것이다. 두 배로 뛰지는 못해도 최선을 다해 달려야 한다. 이렇게 끊임없이 배우고 경험하면 당신은 시대보다 2배로 빨리 달릴 수 있는 능력이 만들어 질 것이다. 그래서 당신의 능력이 당신의 발전을 위한 엄청난 터보엔진으로 역할을 할 것이다.

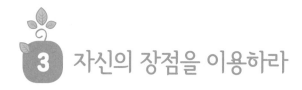

3 자신의 장점을 이용하라

　　보통 사람들은 자신의 장점이 무엇인지 잘 생각하지 않는다. 하지만 단점은 잘 알고 있다. 이것은 한국의 뿌리 깊은 유교사상에서 나온 겸손의 미덕이 아닐까 싶다. 이 책을 읽고 있는 당신의 장점은 무엇인가? 장점에 대해 가장 많이 생각을 할 때는 아마도 이력서를 쓸 때가 아닐까 싶다. 장·단점을 쓰라고 자기 소개서에 자리 잡고 있으니 말이다. 그리고 나면 우리는 살면서 자신의 장·단점에 대해 별 생각 없이 살아가는 것 같다.

　　이력서를 쓰면서도 장점에 대해 쓰는 것을 힘들어 하고 장점이 무엇인지 고민한다. 장점이란 자신이 다른 사람에게 보이는 좋은 모습이 아니라 자신이 느끼고 일을 하는데 있어서나 생활을 하는데 있어서 좀 더 도움이 되는 자신의 모습이다. 그러므로 자신에게는 장점이라고 생각되어지는 부분이 다른 사람에게는 단점일 수도 있고 하는 일마다 장점이 다 장점으로 적용되지는 않는 것이다. 그러므로 자신의 장점에 맞는, 자신의 성격에 맞는 일을 찾아서 할 수 있다면, 적성에 맞는 일을 한다면 이것은 곧 다른 일을 할 때보다 더 많은 행운을 얻게 될 것이다.

자신의 성격에 맞는 일 곧 적성에 맞는 일 이것은 자신의 장점을 살려서 하는 일이기에 일을 하는데 있어서도 더 열정적으로 행동할 것이고 긍정적이고 역동적으로 할 것이다. 이런 행동과 마음은 행운을 불러들일 것이고 당신의 성공을 향한 발걸음을 가볍게 해 줄 것이다. 그러므로 오늘부터 진정으로 당신의 장점이 무엇인지 고민해 보라.

'꼼꼼하다. 잘 웃는다. 세심하다. 글씨를 잘 쓴다. 말을 잘 한다. 주변 사람을 잘 챙긴다.' 나의 장점이 무엇인지 발견하면 내가 해야할 일도 눈에 보일 것이다. 장점도 단점도 말로 표현하기 나름이다. 지금까지 당신이 단점이라고 생각했던 것이 당신의 발전을 위한 장점이었는지 모른다. '나는 꼼꼼해서 일 처리가 늦어요.' 이건 장점일까? 단점일까? 꼼꼼하게 일처리를 해서 기분이 좋다면 이건은 분명 장점이 될 것이고 일 처리가 늦어서 매일 짜증이 난다면 이건 분명 단점이 될 것이다. 장점이든 단점이든 자신에 대해서 목록을 작성해서 체크해 보자.

| 표 1-2 | 장점과 단점의 목록

장점	단점
1. 솔직하다.	1. 허풍이 심하다.
2. 다른 사람의 이야기를 잘 들어준다.	2. 고집이 세다.
3. 긍정적이다.	3. 걱정이 많다.
4. 항상 최선을 다한다.	4. 일을 끝까지 잘 못한다.
5. 일을 즐긴다.	5. 책임감이 부족하다.
6. 잘 웃는다.	6. 장난이 심하다.
7. 다른 사람을 항상 배려한다.	7. 게으르다.
8. 목표를 달성하기 위해 노력한다.	8. 조심성이 없다.
9. 친구들이 많다.	9. 소심하다.
10. 상황파악을 잘 한다.	10. 목표가 없다.
11. 요리를 잘한다.	11. 항상 불평불만이 많다.
12. 부지런하다.	12. 성격이 급하다.
13. 비전을 가지고 있다.	
14. 책을 많이 읽는다.	

　분명한 것은 누구나 잘 하는 것이 있고 또 부족한 부분도 있다는 것이다. 자신의 장점 즉 당신이 잘 하는 것, 잘 할 수 있는 것 그것이 장점이다. 위 표 1-2에서 몇 가지 예를 들어놓은 장단점을 보면서 당신의 장점과 단점을 적어 보기 바란다. 그리고 장점을 파악하여 더 자신을 위해서 노력하고 자신의 단점을 극복하여 장점화 하여야 한다.

　이렇게 자신이 잘 할 수 있는 것 그리고 좋아하는 것으로 시작해서 목표를 세우고 실천한다면 즐거운 마음과 생각이 당신을 더욱 일에 매진 할 수 있게 만들어 줄 것이다. 많은 사람들이 어쩔 수 없이, 생계를 위해서 그리고 그 일 아니면 할 수 있는 다른 일이 없어, 싫지만 정말 어쩔 수 없이 한다고 시작해서 진심으로 열심히 하고 최선을 다하면서 그 일을 사랑하고 좋아하게 되는 경우도 많다.

자신이 잘 하는 것을 더욱 잘하게 발전 시켜 나가기 위해 배우고 경험하는 능력은 기본 능력이고, 좋아하는 일이 아닌 지금 하는 일을 좋아하고 그곳에서 성공을 만드는 것 그것이 진정한 능력이다. 다시 말해서 배우고 알아가면서 단점을 극복하고 장점보다 더 나은 자신의 강점으로 발전시켜 나가는 능력, 그러면서 당신을 성공의 집으로 들어가기 위한 문턱으로 발을 들여 놓기 바란다.

4 좋은 이미지는 행운을 얻는다

할리우드 영화감독인 오스카 와일드는 어리석은 사람만이 외모를 무시한다고 하였다.

우리가 원하는 것과 상관없이 21세기는 외모경쟁시대가 되어버렸다. 그 중에서도 대한민국의 외모지상주의를 추구하는 것은 세계 어디에도 그 유래를 찾아보기 힘든 성형의 왕국 중심에 서 있다. 하지만 이것을 나쁘게만 보고 나쁘다고만 할 수 없다. '이왕이면 다홍치마'라는 속담이 있다. 이왕에 조건이 같으면 더 나은 보기 좋은 것으로 한다는 것이다.

옛 속담에도 이런 말이 있는데 21세기에 외모를 평가한다는 것은 어쩌면 당연한 것인지도 모른다. 현대사회는 외모뿐만 아니라 비주얼 감각이 개인의 능력을 평가하는 중요한 잣대로 자리 잡고 있다. 지능지수(IQ), 감성지수(EQ), 사회지수(SQ), 얼마 전 등장한 공존지수(NQ)에 이어, 이제는 시각적 감각을 측정하는 '비주얼지수(VQ·Visual Quotient)'의 시대에 살고 있다. 자기 자신을 가꾸는 것과 함께 주변의 것들을 보기 좋게 포장하고 그리고 잘 가꾸어지고 포장되어진 상품을 선호하는 고객들이 늘어가고 있다.

사람도 물건도 모든 것이 잘 가꾸어지고 포장되어진 것이 시장에서 선택받는 것은 당연한 것이다. 그래서 이미지 관리는 수천만원 아니 수억으로 평가할 수 있는 개인의 무형자산이다. 중국의 신언서판(身言書判, 외모/말솜씨/문장/판단력)은 중국 당나라 시절 인재 선발 기준으로 지금도 많은 조직에서 적용되고 있다. 신입사원을 뽑을 때 외모가 빠질 수 없다는 것은 예나 지금이나 변함이 없는 것이다. 취업을 위해서 많은 사람들이 성형외과를 드나들어야 하고 면접관들도 실제 외모와 옷차림에서 합격여부를 당락 짓는 경우가 많다고 하였다. 학력도 경력도 비슷하다면 면접관이 누구든지 그리고 이 글을 보고 있는 당신 또한 준수한 외모와 깔끔한 옷차림의 사원에게 눈길을 보낼 것이다. 같은 조건으로 면접을 보게 된다면 누구에게나 좀 더 나은 외모와 옷차림에 점수를 더 주게 되는 것이 당연한 사실인 것이다.

'우리속담에 입은 거지가 얻어먹는다.'는 말이 있다. 이 말의 뜻을 되짚어 보면 거지가 거지답게 남루하고 허름한 행색을 해야 얻어먹는 것이 아니라 깔끔한 옷차림을 해야 얻어먹는다는 것이다. 결론적으로 보면 좋은 이미지가 얻어먹을 행운을 만들어 주는 것이다.

외모 때문에, 오늘 아침 잘못 코디한 옷차림 때문에, 손해를 봐야 한다면 얼마나 억울하겠는가? 어느 광고에서 '옷차림도 전략입니다'라는 광고 문구는 그냥 만들어진 말이 아니라는 것이다. 행운을 얻기 위해서는 오늘부터 거울 앞에 서서 자신의 이미지를 만들어가야 할 것이다.

굳이 성형외과를 찾지 않더라도 거울 앞에서 자기 암시와 함께 밝고 여유 있는 미소 짓는 연습을 하고 외출할 때는 항상 전신 거울에 비추어 머리부터 발끝까지 점검하고 이미지 컨트롤을 하여 당당한 모습을 연출해 보자. 명품으로 치장하라는 것이 아니라 호감 가는 표정과 깔끔하고 세련된 옷차림과 자세를 말하는 것이다. 인상도 주름도 자기가 만들어 가는 것이다. 기본적으로 그려진 밑그림인 당신 얼굴에 화사하게 밝은 색으로 덧칠을 할 것인지 우중충한 색으로 덧칠을 할 것인지 당신의 평소 표정이 그 색을 입혀 줄 것이다.

개인의 이미지가 개인 브랜드가 되어 버린 지 오래다. 개인 이미지 관리는 개인 브랜드 관리를 말하며 이것은 이제 비즈니스가 되어버린 시대에 살고 있는 것이다.

우아한 백조가 그 우아한 자세를 유지하기 위해서 물 밑에서 얼마나 쉬지 않고 거칠게 휘젓고 있는지 우리는 생각하지 않고 그저 바라보았다. 하지만 인식해야 할 것이 있다. 백조의 그 우아함 아래에는 그것을 유지하기 위해 발버둥치는 두 발을. 주변을 한번 둘러보라. 얼마나 많은 이미지 관리에 관한 프로그램이 많은지. 당신도 백조처럼 당신의 이미지를 만들기 위해서 끊임없이 노력해야 할 것이다.

굳이 몇 십 만원에서 몇 백 만원씩 하는 프로그램을 좇아가지 않더라도 인터넷을 통해서 찾아보아도 되고 책으로 보면서 고쳐 보아도 되고 가까운 친구들끼리 서로 보완해 주면서 상대방의 거울이 되어 주어도 될 것이다. 콜센터에서 전화로 고객의 불만 불평을 듣는 사람들 그리고 전화로 많은 상품을 판매하는 사람들, 그들 책상위에 컴퓨터 옆에 거울이 놓여 있으며 항상 거울을 보면서 전화를 하고 받는다. 보이지 않는 전화이지만 통화를 할 때도 그렇게 이미지 관리를 하면서 어떤 상황에서도 웃는다. 이렇게 보이지 않는 고객을 대하는 일에서도 이미지 관리를 하는데 얼굴을 대하는, 그것도 면접이나 사업적인 일에서 이미지 관리를 하지 않는다면 도태되지 않겠는가? 이런 노력은 이제 기본적으로 당신의 보이지 않는 무형의 자산인 이미지를 업그레이드 해 주는 것이다. 이렇게 노력하여 당신의 무형의 자산이 수억원의 가치로 평가 받아, 걸 맞는 행운을 찾아 주는 것이다.

이제 이미지와 당신의 가치는 빛과 그림자처럼 동전의 양면 같은 것이다. 그러므로 당신은 보여주고 싶지 않은 부분을 감추고 전략적인 모습으로 상대방을 대할 수 있다면 당신은 이미 행운을 잡은 것이다.

5 희망이 있어야 행운이 온다

　한국의 빌게이츠라 불리는 티맥스 소프트 최고 경영자 박대연. 그는 항상 1%의 가능성에 도전하는 삶을 살았고 그 도전은 불가능을 가능으로 만드는 도전자로서 삶을 살고 있다.

　시골의 가난한 농부의 6남매 중 장남으로 태어난 박대연은 어린 시절 아버지가 돌아가셔서 학창시절부터 가장으로서 생활전선에서 뛰어야 했으며 동생들 학비와 생활비를 벌면서 주경야독으로 공부를 하였다. 그가 1%의 가능성에 도전한 이유는 그 시절 최고의 직장인 은행원이 되기 위해서는 고교수석 졸업장이 필요했고 작은 운수회사에서 낮에는 일하고 밤에는 공부하면서 그는 수석 졸업을 하기 위해 열심히 공부하였다.

　졸업을 6개월 앞두고는 일을 과감하게 그만두고 공부에 매달렸으며 전교수석으로 졸업을 하면서 원하던 은행에 취직을 하였다. 그는 누구도 불가능하다고 이야기 하는 것을 할 수 있다는 긍정적인 마음으로 최선을 다했고 마지막에는 과감하게 회사를 그만두면서까지 진정으로 원하는 것에 몰입하였다. 이렇게 아주 희박한 가능성 속에서도 행운을 잡아 원하는 은행에서 일을 하게 된 것이다. 박대연의 두 번째 1% 가능성에 도전한 것은 은행에서 독학으로 배운 컴퓨터로 런던지사에 파견 근무를 할 행운이 있었을때다. 그는 파견근무를 끝내고 한국으로 돌아와 32살에 안정적인 은행원을 포기하고 미국의 오리건대학교 컴퓨터 공학과로 유학을 결심한다.

누구나 안정적인 상황에 안주하기를 원하는데 그는 힘든 유학생활을 택하고 1년 3개월 동안 휴식도 없이 짧은 기간에 최선의 노력으로 오리건대학교 역사상 전례없었던 전과목 A를 받아 교수님들도 그의 노력에 감동했고 남가주대학교를 추천해주어 5년 7개월 만에 박사학위를 받았다. 박사학위를 받기까지 그가 받은 장학금은 1억5천만원이였다. 그는 조그만 가능성 속에서 희망을 가지고 긍정적인 생각으로 행운을 만들었다.

그가 실행한 많은 1%의 가능성 중 지금도 현재 진행형으로 노력하고 있는 것은 그가 설립한 티맥스 소프트가 2010년에 삼성전자와 맞먹는 기업으로 성장하는 것이고 미국의 버지니아공과대학과 맞먹는 공대를 설립하고 세계 3대 소프트웨어 기업이 되어 소프트웨어 강국코리아 건설과 대한민국의 인재를 발굴하는 것이 꿈이다. 또한 대한민국이 소프트웨어 강국이 되기 위한 초석을 마련하여 1인당 국민소득 5만불 시대를 선도하고 새로운 기술로 세계 인류의 꿈을 실현하려는 꿈을 키우고 있다. 그는 오늘도 그 꿈을 이루기 위해 연구하고 공부하고 있다.

나폴레옹은 "불가능은 소심한자의 환상이요, 비겁한 사람의 도피처이다" 라고 말했다. 우리에게 가능성도 불가능성도 모두 무한하다. 하지만 분명한 것은 가능성을 가지고 도전하여 얻은 실패는 분명 유한하다는 것이다. 에디슨이 그랬고 수많은 과학자들이 발명가들이 많은 도전으로 결국은 성공을 얻어 내었고 실패의 무한점에 종지부를 찍고 유한한 실패를 만들어 내는 것이다. 이렇게 실패는 유한하지만 가능성은 용기 있는 자에게, 도전하는 자에게는 그 세계가 무한으로 열려 있는 것이다.

어떤 일이든지 시작하기 전에 그 가능성과 불가능성을 점쳐 보는 것은 인간이라면 당연한 것이다. 하지만 불가능성에 대해 눈을 감고 가능성이 1%라도 있다면 그 가능성에 염두를 두고 도전하는 것이다. 그것이 성공한 사람과 실패한 사람의 차이다. 어디에 무게를 두고 움직이는냐? 가능성이냐, 실패냐, 그 무게 중심을 두고 행동하는 방향은 완전히 반대가 되는 것이다. 불가능성에 무게 중심을 둔 당신이라면 99%의 성공 가능성 앞에서도 무릎을 꿇고 실패하게 될 것이다. 하지만 가능성에 무게 중심을 둔 당신이라면 1%의 성공가능성을 기적으로 만들어 내는 성공을 안게 될 것이다.

우리는 항상 시작하기도 전에 현실과 타협을 시도한다. 된다, 안된다를 점쳐 보고 시작도 하기 전에 안 될 것 같다는 생각이 들면 바로 포기한다. 이제 고민하는 것은 그만하고 행동으로 옮기고 고민을 해 보자. 고민은 행동으로 옮기기 전에 하는 것이다. 이것은 시간 낭비이다. 일단 행동으로 옮기면 고민하기보다 움직이고 결과를 내기 위해 행동을 하는 것이다. 단 1%의 가능성만 있어도 그 가능성 속에 어떤 행운보다 큰 행운이 숨어 있다. 하지만 그 희박한 1%의 가능성에 행운을 못 본 척 외면하고 포기를 해버린다. 하지만 이렇게 박대연 대표처럼 아주 작은 가능성에도 긍정적인 마음으로 도전한다면 그 가능성 속에 숨어 있는 행운을 잡을 수 있을 것이다. 많은 사람들이 안 될 것이라 포기하는 일에서 당신은 당신만의 행운을 만들 수 있을 것이고 더 큰 성공을 이룰 수 있을 것이다.

오늘부터 불가능하다는 말 자체를 당신의 마음에서 지우고 희박한 가능성이 보인다면 도전하여 그 속에서 당신만을 위한 행운을 발견하길 바란다. 마지막 1분의 시간이 남아있어도 최선을 다해 보라. 당신이 돌아서는 그 뒤에 당신이 포기한 그 순간의 시간 뒤에 행운이 기다리고 있다. 분명 행운은 마지막까지 최선을 다하는 사람의 것이다.

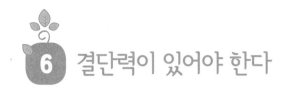

6 결단력이 있어야 한다

21세기 초 스피드 시대를 사는 우리는 신중을 기하는 선택보다 번갯불보다 빠른 결단을 해야 하는 상황에 처하는 경우가 많다. 가끔 준비하지 않고 행운이 왔을 때 결단을 내리지 못해 행운을 놓치는 경우가 비일비재하다. 분명 행운이고 이 행운을 놓치면 후회 할 것이라는 것을 알지만 준비되어 있지 않다는 이유로 선택하지 못하는 경우가 있다. 때론 준비가 되어 있지 않을 때 행운이 찾아온다 해도 본인의 강인한 의지가 있다면 그 행운을 놓치지 않을 것이다. 우리가 무엇을 선택할 때 그 선택의 핵심이 되는 것은 결단력이고 모든 실패의 가장 큰 원인은 결단력의 부족이다. 빠르게 변화하는 현대 사회에서 매 순간 '결단'을 내리는 일은 매우 중요한 일이다. 과감하게 결단을 내리는 것도 일종의 능력이다. 그리고 그러한 능력은 끊임없이 연습해 얼마든지 향상시킬 수 있다.

여기 결단력에 대한 사마광의 일화를 보면 결단력이 얼마나 중요한지 알 수 있다.

북송 철종 황제 때의 명재상이며 제왕학의 명저인 '자치통감(資治通鑑)'의 저자인 사마광(司馬光, 1019~1086)의 어린 시절 그의 빠른 결단력으로 아이의 목숨을 구한 이야기다.

물이 가득 찬 항아리 위에서 놀던 아이가 항아리 속으로 빠져 살려 달라고 소리치며 허우적거리고 있었는데, 보고 있던 어른들은 잘못하면 항아리가 깨어질 것을 두려워해 어찌할 바를 몰라 허둥대기만 했다. 그때 사마광은 주저 없이 돌을 던져 항아리를 깨 버렸다. 물이 쏟아지고 그 아이는 무사할 수 있었다. 그가 어른들과 마찬가지로 항아리를 깰 것인지 말 것인지를 결단하지 못하고 고민했다면 그 아이는 살아날 수 없었을 지도 모른다.

그리고 또 다른 결단력에 대한 이야기로 로마 제국의 황제가 된 카이사르의 이야기를 하려고 한다. 기원전 49년. 갈리아 전쟁에서 승리한 로마 제국의 야전군 사령관 카이사르는 결단력으로 로마 제국의 왕이라는 행운을 잡을 수 있었다. 그가 로마를 비운 사이 자신이 중심이 되어 구성한 삼두 정치의 단결이 깨지면서 많은 것이 달라졌다. 삼두정치의 한 사람인 크라수스는 메소포타미아에서 숨지고, 다른 한 사람인 폼페이우스는 자신의 적으로 돌아서 버렸다. 폼페이우스를 지지하는 로마 원로원은 카이사르에게 군대를 해산한 후 로마로 돌아오라고 명령했다. 군대를 이끌고 루비콘 강을 건너면 원로원 결의를 따르지 않은 역적이 되는 것이니 조국 로마 제국과의 전쟁은 피할 수 없다. 항복하면 역적은 면한다해도 폼페이우스가 주축이 된 원로원의 결정에 따라 결국 처형될 것이 명약관화하다.

"주사위는 던져졌다!" 이렇게 말한 그는 그의 군대와 루비콘강을 건넜다. 그의 결단력은 곧 로마의 새로운 주인의 탄생을 의미했다.

결과가 어떻게 될지 확실하지 않는 상황에서 결단을 내리는 것은 중요한 능력이다. 20세기 최고의 기업 컨설턴트라고 할 수 있는 나폴레온 힐은 "우유부단이야말로 성공을 가로막는 최대의 적이다. 성공하는 사람들은 신속한 결단력의 소유자이며, 부를 축적하는데 실패한 사람들은 예외 없이 결단이 매우 느리다."고 강조했다.

몇 가지 일화로 알 수 있지만 순간적으로 결단을 내려야 하는 것 자체가 일반인들에게 힘든 일 일수 있다. 하지만 연습하고 의식적으로 매 순간 결정을 내려야 할 때를 기억한다면 차츰 몸도 정신도 결단에 대해 기억할 것이다. 그러기 위해서는 결단력이 뛰어난 사람들과 어울리면서 이 사람들의 흉내를 내어보고 결단력이 뛰어난 사람들이 쓴 자서전이나 책을 읽어 내 것처럼 행동해 보는 것도 많은 연습이 될 것이다. 그리고 일을 하면서 어느 정도 진행이 되어 가면 언제쯤 내가 결단을 내려야 할지 미리 짐작을 하면서 일을 진행시키는 것도 좋은 연습이 될 것이다. 그리고 일상생활에서 사용하는 생활습관 표현들을 바꾸어 나가면 된다.

우리의 일상 속에 사용하는 말들이 얼마나 우유부단한지 우리는 자각하지 못하고 사용하고 있다. 점심시간이 되면 동료들끼리 뭘 먹으려 갈까? 라고 하면 돌아오는 답변은 대다수가 "아무거나" "자네 먹고 싶은 것으로" 연인들끼리 영화를 보려 가도 "뭐 볼까" 아무거나 뭐 그냥 재미나는것" 무엇이 재미난 것인지 개인마다 취향이 다르건만 보통의 사람들은 이렇게 대답을 한다.

오늘부터 당신의 이런 언어습관을 바꾸는 연습을 하라. 그러면 당신은 당신이 원하는 것을 더 많이 얻을 수 있는 행운을 항상 곁에 두게 될 것이다. 그리고 항상 하는 일에 우선권을 두는 연습을 해야 한다. 많은 리더들이 하는 이야기다. 일에 우선권을 두고 시간을 안배하고 일을 한다는 것이다. 일반인들은 무엇이 우선이지 모르는 경우가 허다하다. 필자 역시 아직 일에 우선권을 두고 진행하는 것이 되지 않아 메모하고 실천하고 있는 상황이다.

일에서 가장 우선해야하는 것은

1. 긴급하면서 중요한 것을 먼저 하는 것이다. 우리 일상에 긴급하면서 중요한 것은 실생활에 20~25%정도 된다고 한다.

2. 긴급하지 않지만 중요한 일이 두 번째 해야 할 일이다. 이러한 일은 일상생활에 65~80%를 차지한다. 하지만 일반인들은 여기에 투자하는 시간이 15%정도 밖에 되지 않는다고 한다.

3. 그리고 세 번째 긴급하지만 중요하지 않은 일 여기에 보통 사람들이 많은 시간을 투자하고 있다. 보통 사람들은 여기에 자신들의 시간을 50~60%를 허비하고 있다. 이렇게 시간 낭비를 하므로써 이

사람들은 항상 시간이 없고 바쁘고 열심히 노력하지만 노력한 만큼 결과가 나타나지 않는다고 불평하는 사람이 많다.

4. 긴급하지도 않으면서 중요하지도 않은 일에 매달려 상황판단을 못하고 시간을 낭비하고 있는 사람들도 있다. 이런 사람들은 사실 자신에게 중요한 일이 무엇인지 무엇을 하고 있는지도 생각을 하지 않고 그저 그때 그때 상황에 따라 계획없이 즉흥적인 경우가 대다수이다.

오늘부터 우리가 하는 일에서 우선해야 하는 것이 무엇인지 바로 결정을 할 수 없을 때는 메모해서 우선 순위를 정하고 행동하는 습관부터 들여 보아라. 그러면 당신이 중요한 일을 해야 할 때 중요하지 않은 일로부터 방해받지 않을 것이다. 중요한 일에 결단을 잘 내린다면 당신은 또한 많은 시간으로부터 자유로워질 것이다.

결단을 잘 내리지 못하는 사람은 일처리 미숙으로 많은 일을 안고 시간이 부족하여 항상 바쁘게 살면서 소득 없는 생활을 하고 있다. 결단력이 부족한 사람은 생각이 많고 고민이 많다. 그러므로 오늘부터 일에 우선순위를 두는 연습을 하고 습관으로 만들어라. 이런 습관이 생활화 된다면 분명 어떤 상황에서도 빠른 결단을 내리는 능력이 당신 속에서 나타 날 것이다.

7 융통성이 있어야 한다

융통성이 없다는 말을 우리는 꽉 막힌 사람이라는 뜻으로 사용한다. 융통성의 뜻을 살펴보면 '그때그때의 사정과 형편을 보아 일을 처리하는 재주. 또는 일의 형편에 따라 적절하게 처리하는 재주' 라고 한다. 우리 속담에 이가 없으면 잇몸으로 산다는 말이 있다. 이건 융통성에 관련된 속담으로 좀 더 능동적인 대처 능력에 대해 이야기하고 있다. 이렇게 융통성은 더 이상 나아갈 수 없는 상황에 부딪히면 실패로 판단하고 돌아서거나 더 이상 나아가지 않고 그만두는 것이 아니라 돌아가거나 다른 방법을 찾아 나가는 것을 융통성이라고 한다.

융통성이 없는 사람은 능동적이지 않은 사람이라고 할 수 있다. 언제나 곧이 곧대로 행동하는 사람은 융통성 있게 상황에 따라 능동적으로 대처하는 사람보다 행운을 얻을 기회가 적다. 다양한 분야에서 융통성을 발휘하여 자기만의 독특한 비결로 위대한 세일즈맨이 된 사람이 많다. 고객을 창조하는 데 뛰어난 사람, 또 고객을 관리하는 데 탁월한 사람, 그리고 판매비결에 있어 월등한 사람도 있다. 세일즈업계에서 톱을 한 폴 마이어는 그의 융통성을 발휘하여 그 자리에 오를 수 있었다.

그가 세일즈일을 시작한 초년생 때의 일이었다. 그는 이왕이면 최고 경영자들을 만나 상담을 하기로 목표를 세웠다. 그러나 시간이 없다는 핑계로 매번 비서실에서부터 문전박대를 받아야 했다. 폴 마이어는 문전박대의 원인에 대해 생각해 보고 한 가지 방법을 생각해 내었다.

폴 마이어는 상자를 곱게 포장해서 그 회사 사장 앞으로 소포를 보냈다. 배달된 소포상자를 받아든 사장이 그것을 열자 거기에는 다음과 같은 말이 적혀 있었다.

"하늘에 계신 하나님도 매일 만날 수가 있는데 어째서 사장님 만나기는 그렇게 힘듭니까?"

그 글을 읽은 사장은 빙긋 웃고 말았다. 그리고 그 글의 끝에 이어진 폴 마이어의 이름과 전화번호를 비서에게 전하면서 만나줄 것을 허락했다는 것이다. '안 되는 것을 되게 하라'는 세일즈맨의 철칙이다. 그러나 안 되는 것을 되게 한다고 무작정 정면으로 부딪치는 것은 어리석은 행동이다. 세일즈맨에게는 임기응변의 기지와 융통성이 필요한 것이다.

"이가 없으면 잇몸으로, 그러나 항상 융통성을 가지고 대처할 것"
이것이 바로 톱 세일즈맨의 성공비결이라 할 수 있겠다. 이렇게 폴마이어는 융통성 있는 행동으로 사장을 만날 수 있는 행운을 만들었고 세일즈업계에서 탑이 될 수 있었다. 이렇듯 융통성이란 내게 딱 맞는 일만 고수하는 것이 아니라 때론 능력 밖의 일이든 내 능력보다 과소평가 된 일이라도 상황에 맞추어 소화해 내는 것이다.

상대방이 당신을 과소평가한 듯한 일을 맡기더라도 웃으면서 해 낼 수 있고 쉽게 잘 해 낼 수 있다는 것을 보여주는 것이 융통성이고 또한 당신의 능력 밖의 업무를 맡겨도 최선을 다해 해결해 내는 것이 융통성이다. 그것은 상대방에게 당신을 인정하게 만드는 것이다. 할 수 있는 일이 한정된 것이 아니라 무슨 일이든지 맡겨만 준다면 할 수 있는 멀티플레이어라는 인식은 당신에게 곧 다음의 일을 약속하는 것이다. "저를 뭘로 알고 이런 일을 시키는 것입니까?"나 "그건 제 능력 밖의 일입니다"라고 당신이 솔직하다고 생각하고 강직하게 내뱉은 한마디가 당신에게 찾아올 무한한 행운을 그 말 한마디로 한 순간에 사라지게 할 수 있다는 것을 명심하기 바란다.

8 적극적으로 행동해야 한다

미국의 교육 컨설턴드인 카베트 로버트는 '삶의 집은 아무것도 하고 있지 않으면 지어지지 않는다. 삶의 집을 짓는데 사용할 수 있는 유일한 재료는 적극적인 행동이라는 점을 잊지 말라'고 했다. 아무리 좋은 행운이 찾아온다고 해도 적극적으로 행동하여 그 행운을 잡으려 하지 않는다면 행운은 기다려 주지 않고 그냥 스쳐 지나 갈 것이다.

일반적으로 적극적으로 행동하는 사람들을 살펴보면 자기의사 표현을 분명하게 하여 상대방에게 본인의 뜻을 정확하게 전달한다. 이것은곧 어떤 상황이 벌어졌을 때 상대방이 의사표현을 정확하게 한 사람을 떠올리고 행운을 제공하게 되는 것이다. 본인이 무엇을 원하는지 적극적으로 정확하게 표현함으로써 타인들에게도 본인의 뜻을 표현하여 행운을 포착하게 되는 것이다. 겸손하고 나서기를 싫어하며 눈치만 보다 보면 언제나 당신이 아닌 다른 사람에게 성공의 행운이 돌아가 있다. 할까 말까를 망설이는 동안 행운은 벌써 당신에게서 사라져 갈 것이다.

그리스에 가면 그리스 신화를 나타내는 유적지에 희한한 모습을 한 동상이 하나 있다.

이 희한한 모양의 동상은 앞머리는 무성하고 숱이 많으며 뒷머리는 완전 대머리이고 발에는 조그만 날개가 달려 있다. 그리고 그 동상 밑에는 이런 글귀가 적혀 있다.

'나의 앞머리가 무성한 이유는 사람들로 하여금 내가 누구인지 금방 알아차리지 못하게 함이요, 또 나를 발견했을 때는 나를 쉽게 붙잡을 수 있도록 하기 위한 것이며, 뒷머리가 대머리인 이유는 내가 지나가고 나면 다시는 나를 붙잡지 못하도록 하기 위함이며, 내 발에 날개가 달린 이유는 최대한 빨리 사라지기 위해서이다. 나의 이름은 바로 행운라고 되어 있다. 이렇듯 신화에서도 나와 있듯이 행운은 적극적으로 행동하지 않으면 붙잡을 수 없고 눈 깜짝할 사이에 사라져 버리는 것이다. 그러므로 한계상황에 왔다고 느끼고 더 이상 나아갈 수 없다고 생각될 때 당신의 적극적인 행동이 절실하게 필요하다는 것을 인식해야 한다.

그때가 바로 당신에게 새롭게 시작할 행운라는 것을 의심하지 말라. 지금 바로 시작하고 실패를 했을 때가 행운라는 것을 잊지 말고 실패해도 다시 시작하고 작은 일부터 시작하여 적극적인 행동을 생활화하기 바란다.

실패는 항상 꼬리에 성공을 달고 온다. 하지만 보통 사람들은 실패 뒤에 오는 성공을 볼 수 있는 능력이 없다. 그런 능력이 있다면 실패로 좌절하고 포기하지 않을 것이다. 하지만 항상 실패가 성공을 감추고 나타난다는 것을 안다면 누구든지 실패에 절망하는 일 없이 더 적극적으로 도전을 할 것이다. 성공자들의 말처럼 실패를 두려워 하지 말고 적극적으로 도전하지 못하는 용기 없음을 두려워하기 바란다.

여기 적극적인 행동을 위한, 몇 가지 참고할 수 있는 내용을 보고 하나씩 실천해 보기 바란다.

적극성을 위한 행동

1. 남들보다 먼저 인사를 한다.

처음에 창피하다거나 부끄럽다는 생각으로 말문이 쉽게 열리지 않겠지만 의식적으로 먼저 인사하고 손을 내밀어 보라.

2. 항상 책상위에 거울을 준비하라.

텔레마케팅을 하는 사람이나 영업을 하는 사람들의 책상위에는 모두 거울이 있다. 항상 웃는 모습으로 보이지 않는 고객을 대할 때도 긍정적인 표정을 짓기 위해서이다. 그러니 거울을 앞에 두고 항상 표정 연습과 제스처를 연습해보라.

3. 메모하라.

소극적이 사람들은 다른 사람들 앞에 서면 말문이 막히고 무슨 말을 어떻게 언제 해야 할지 몰라 당황하고 그래서 더욱 소극적으로 변해간다. 오늘부터 항상 메모를 하자.

만날 사람에 대해 무슨 말을 할 것인지 만나기 전에 한번 메모를 하면서 정리를 해보고 명언이나 격언 등 좋은 문구들도 메모를 해 두었다가 사용을 한다면 좀 더 적극적으로 모든 일에 동참할 수 있을 것이다.

4. 항상 자기 암시를 하라.

마르쿠스 아우렐리우스는 '우리의 인생은 우리의 사고에 의해 만들어 진다'고 하였다.

항상 할 수 있다, 가능하다, 충분히 해 낼 수 있다 등 긍정적인 암시를 반복적으로 지속적으로 하라.

5. 과장된 액션을 취해보라.

제스처를 좀 더 과장되게 크게 취해보라고 주문을 하고 싶다. 소극적인 사람들은 본능적으로 자기 방어적인 태도를 취한다. 그러므로 손을 흔들 때도 좀 더 크게 흔들어 보고 말을 할 때도 목소리에 힘을 주고 이야기를 해보라. 그것만으로도 벌써 자신감이 충만해질 테니 말이다.

이렇게 연습하다 보면 다른 사람들 앞에서 좀 더 적극적으로 행동하고 말 하게 될 것이다.

적극적인 사람들과 소극적인 사람들의 차이는 행동하는 것에서 그 차이를 찾아 볼 수 있다.

적극적인 사람들은 목표를 두고 그 목표를 향해서 전진하면서 나아간다. 하지만 소극적인 사람은 인생의 목표가 없다. 단지 과거와 현실에 처해 제자리 걸음을 하거나 과거 속에 살아간다. 그러므로 당신은 인생의 성공을 위해 도전하며 진취적인 행동으로 행운을 잡아야 할 것이다.

9 새로운 것을 추구해야 한다

　사람들은 새로운 것, 낯선 것에 쉽게 다가가지 못하고 받아들이지 못한다. 이런 성향은 나이가 많으면 많을수록 더 강하다. 하지만 우리가 새로운 것을 받아들이려고 노력하고 시도할 때 발전을 할 수 있고 우리에게 주어진 행운 또한 잡을 수 있는 것이다. 새로운 것을 받아 들인다는 것은 멈추지 않고 끊임없이 도전하고 배우는 자세이며 선택한다는 것이다.

　나이가 많으면 많을수록 돌다리도 두드려 보고 건너려는 성향이 강하고 돌다리만 두드리고 위험하다고 건너보지도 않는 경우가 비일비재하다. 이런 일은 우리가 살아오면서 경험한 많은 실패 때문일 수도 있고 고정관념 때문일 수도 있다. 그래서 많은 고민을 하면서 시작을 하지 못하는 경우가 많다. 새로운 것에 익숙해지기 위해서는 무엇보다 자기 자신에게 좀 더 여유 있게 대하는 관대함이 있어야 한다.

분명 새로운 것에 대한 도전은 처음 시작에 100% 성공을 확신할 수 없다. 이런 실수나 실패에 대해 관대해져 실수 할 수 있음을 인정하고 때론 명확하지 않음에 여유를 가지고 새로운 것에 대한 불분명함에 두려움을 느끼는 것, 이런 모든 것들을 받아들일 때 자기 자신에게 관대하고 너그럽게 대하는 능력이 생긴다.

그렇게 함으로써 자기 자신에게 너그럽고 새로운 것에 대한 도전적이고 즐길 줄 아는 능력이 만들어지고 호기심을 자극하여 언제나 즐길 수 있는 것이 도전이고 새로운 세계의 여행이라고 생각한다면 새롭게 도전하는 것을 즐길 수 있을 것이다.

앞에서도 언급한 바 있지만 우리가 고민이라는 것을 하는 것은 일을 시작하였을 때 하는 것이 아니라 일을 시작하기 전에 그 일을 해야 할지 말아야 할지 결정을 내리지 못할 때 하는 것이다. 그러므로 고민하지 말고 새로운 것을 과감하게 추구할 때 우리는 행운을 얻을 수 있게 된다. 무엇이든 완전하게 준비해서 시작하기는 힘들다.

변화하는 속도가 발이 보이지 않게 뛰어도 따라 가는 것조차 힘든 시대에 우리는 살고 있다. 그러므로 완전하게 준비하면 이미 당신은 또 새로운 준비를 해야 할 것이다. 준비한 것은 이미 누군가가 벌써 완성품으로 만들어 세상에서 사용되고 있을 테니까 말이다. 그러므로 완전하게 준비되어 있지 않다고 해도 시작하는 것이 성공으로 한걸음 나가는 것이다.

새로운 것을 항상 추구하는 것은 우리의 아이들을 보면 어떻게 해야 할지 답을 찾을 수 있다. 아이들은 새로운 것을 받아들이는데 두려움이나 거리낌이 없다. 끊임없이 탐구하고 탐색하면서 새로운 것에 대해 알아가고 배우는 행운을 만들면서 새로운 경험으로 행운이 보내는 사인을 놓치지 않고 자기 것으로 만들어 간다. 하지만 어느 정도 성장하게 되면 더 이상 도전하지 않으려고 한다.

자신의 것이 어느 정도 쌓이고 경험을 하게 되면 새로운 것보다는 현재 있는 것을 계속 사용하려고 하고 안전한 것을 좋아하게 된다. 분명한 것은 우리도 이렇게 거리낌 없이 고정관념 없이 모든 사물을 받아들이고 새로운 것에 대한 도전을 받아들이던 어린 시절이 있었다. 하지만 나이를 먹으면서 경험이라는 이름으로 당신에게 기억되어지는 것이 하나씩 둘씩 만들어지면서 더 이상 새로운 것을 추구하고 내 것으로 만들지 않아도 기존의 것만 잘 활용해도 그저 그렇게 살아 갈 수 있는 능력이 생긴다.

이렇듯 어느 정도 경험을 쌓아 알게 되면 새로운 것을 배우는 것을 게을리 하게 되는 것이다. 그러므로 현재 당신의 시각으로 상황을 보지 말고 호기심이 많은 아이들의 시각으로 현재 상황을 파악한다면 새로운 일을 추구하는 것이 당연하게 받아들여질 것이다. 그래서 발전하는 인생을 살기 위해서는 항상 아는 것에 만족하지 말고 새로운 것을 배워 나가 인생을 새롭고 긍정적인 삶으로 만들어가야 한다.

그리고 여기서 멈추지 않고 새로운 것에 대한 계속된 도전을 한 많은 과학자들이나 선인들을 보면 새로운 것에 대한 도전이 얼마나 많은 것을 얻을 수 있는지 알게 된다. 그러므로 과감하게 잘못된 옛 것은 버리고 새로운 것을 추구한다면 그 속에서 행운을 발견하게 될 것이다. 현실은 창조성과 고정관념을 버리고 혁신하는 사람만이 행운과 동반자가 된다. 나이에 얽매여 안정적인 것만 추구한다면 발전 없는 제자리걸음을 해야 한다.

당신이 새로운 것에 대한 도전이 두렵다면 우선 기존의 것에 무엇인가 더하거나 빼는 것부터 시도해 보라! 이미 만들어져 있는 것을 사용하는 것이 아니라 작은 것을 더해서 좀 더 나은 것에서 시작하는 연습부터 해 보면 된다. 새로운 것이라는 것이 아무도 시도하지 않은 전혀 없는 것이나 누구도 도전하지 않은 분야에서 무에서 유를 창조하라는 말은 아니다.

작은 것에서부터 하나씩 조금씩 변화를 주면서 시도하고, 변화하는 것에 대한 두려움이 없어지고 호기심과 용기가 생긴다면 당신은 점점 더 큰 새로운 것에 도전할 수 있게 되는 것이다. 그리고 정말 무에서 유를 만들어 내는 새로운 것을 할 수 있게 될 것이다. 학자들은 이제 창의력이 성공을 위한 핵심 키워드라고 한다. 새로운 것을 창조해 내는 힘은 변화에 정면으로 맞설 수 있는 사람에게만 있는 것이다. 그래서 새로운 것을 추구한다는 것, 창조한다는 말과 일맥상

통하는 일에 새로운 것을 창조해 낼 때 그 어느 것보다 많은 행운을
만날 수 있게 될 것이다.

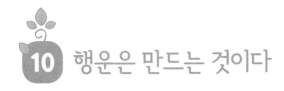

10 행운은 만드는 것이다

외부환경은 자신을 비추는 거울이라는 말이 있다. 주변 환경이 어렵고 힘들다면 그것은 곧 본인이 만들어 놓은 상황이고 환경이다. 시시각각으로 변화하는 세상에는 그 만큼 행운이 무한하다. 그렇지만 무한한 행운을 알아보고 행동하는 것은 두 가지로 나눌 수 있다.

하나는 행운을 마냥 기다리는 것이고, 다른 하나는 행운을 만들어 가는 것이다. 행운을 기다리는 것은 적극적으로 기다리든 소극적으로 기다리든 모두가 수동적인 자세이다. 행운이 오면 오는 대로 오지 않으면 오지 않는 대로 적극적으로 기다리는 사람은 행운이 오면 그 행운을 맞이하겠지만 소극적으로 기다리는 사람은 때로는 행운이 자신에게 온지도 모르고 지나 칠 것이다. 하지만 행운을 만들어 가는 사람은 능동적으로 만들어 가는 것이다.

능동적으로 스스로 행운을 만들어 가는 사람은 절대 다른 사람에게 의지하려고 하지 않는다. 자신이 만든 행운에 다른 사람에게 나누어 줄 수 는 있어도 말이다. 행운을 만들어 가는 능동적인 사람들을 우리는 위인전이나 책에서 많이 접했다. 보통의 위인전에 나오는 선인들은 어린 시절이 대다수 불행하고 행운이라고는 없을 것 같은 삶 속에서 행운을 만들고 고난을 극복하고 역경을 딛고 행운을 만들어 가는 사람들이었다.

실제 일본의 한 경영인은 "자신이 원인이고 현실이 결과" 라고 했다. 이처럼 행운이 오기만 기다리면서 감나무 아래서 감이 떨어지기만을 기다린다면 그 감은 까치밥으로 나에게 돌아오지 않을 수 있다는 것이다. 감을 따기 위해서 나무에 오르든지 나무막대를 이용해서 따든지 방법을 찾아 내 것으로 만들어야 하는 것이다. 행운은 이렇게 스스로 만들어 가야지 행운이 나를 찾아오기만 기다리는 소극적인 행동은 나를 향해 찾아오는 행운조차도 의식하지 못하고 지나칠 수 있다는 것이다. 그리고 행운을 창조할 수 있는 것은 항상 당신이 선택의 기로에 놓일 때 많은 사람들이 지나간, 그래서 평탄하게 만들어진 길보다는 다니지 않아서 좀 험난할 것 같은 길을 선택하라는 것이다. 그것은 곧 당신에게 더 많은 새로운 것에 성공할 수 있는 행운을 만드는 것이다. 우연히 찾아오는 행운을 거머쥐기 위해서 준비된 당신이 주인공이 될 것이다.

실제로 한 대기업에 입사지원을 한 A와 B가 있었다. A는 명문대 졸업생이지만 B는 지방대 졸업생이었다. 하지만 B는 지방대라는 맹점을 안고서도 학교생활 내내 자신의 발전을 위해서 외국어 공부는 기본으로 자신이 가고자 하는 회사를 정하고 미리 필요한 자격증을 준비하고 학교생활에서도 동아리 활동뿐만 아니라 여러 봉사활동을 하면서 성적관리도 열심히 하였다.

교우들과 친분도 많이 쌓아 인맥관리도 열심히 하였다. 졸업하고 원하는 회사에 이력서를 제출하고 면접을 보면서 그동안 본인이 만들어 온 이력서와 회사에 대해 4년 동안 신문스크랩과 조사한 자료들을 바탕으로 B는 대기업에 당당하게 입사할 수 있었다. 하지만 A는 명문대에 다니면서 뚜렷하게 목표를 정한 것이 아니라 단지 막연하게 대기업에 입사하고 싶다는 생각만을 가지고 졸업할 때까지 기본적인 자격증만으로 이력서를 작성한 것이다.

명문대라는 타이틀이 많은 것을 가져다 줄 것이라는 생각을 가지고 있었지만 준비하지 않은 A의 4년은 준비한 B의 4년과는 달랐다. 그 결과 A는 당당하게 취업이 되었지만 B는 서류전형에서 떨어지고 뒤늦게 후회를 한 것이다.

이렇듯 인생에서 중요한 시작점인 학교를 졸업하고 취업에서 벌써 서로 다른 길로 갈 수 밖에 없는 것은 얼마큼 준비하고 행운을 기다리는지에 따라 준비된 당신에게는 축복이지만 준비하지 않는 당신에게는 참담한 아픔이 될 수도 있다. 그러므로 언제든지 바라는 것이 있다면 그 순간이 왔을 때 언제든지 행운을 잡을 수 있도록 항상 준비하고 행운을 기다려야 할 것이다. 새로운 것을 창조하여 행운을 만드는 것은 선택된 사람들의 것이 아니라 노력하는 사람의 것이다. 바로 당신의 것이다.

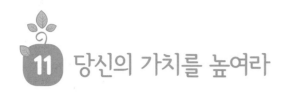

11 당신의 가치를 높여라

우리 속담에 유유상종이라는 말이 있다. 끼리끼리 어울린다는 말로서 비슷한 성향을 지닌 사람과 비슷한 생각을 가진 사람들이 모인다는 의미이다. 부정적인 생각으로 항상 투덜 되는 사람들 주변에는 그 투덜거림에 맞장구 치는 사람들이 모이고 긍정적이며 진취적이고 자기계발에 앞장서는 사람 주변에는 배우려고 하고 노력하는 사람들이 모이게 마련이다. 이런 행동은 곧 주변에 비슷한 사람들이 모여 공감하면서 서로의 생각과 지혜를 공유하면서 본인의 가치를 그만큼 업그레이드 시킬 수 있는 것이다.

행운을 창조하기 위해서는 우선적으로 긍정적이며 행운을 잡으려고 끊임없이 노력하는 사람들 속으로 들어가야 한다. 발전하기위해서 노력하는 사람들 속으로 들어간다면 당신도 그들 속에서 행운을 만들어 내고 서로에게 도움을 주면서 당신의 가치를 높일 수 있을 것이다. 한동안 베스트셀러로 서점가를 점령하고 있던 책인 론다 번의 시크릿에서 보면 비밀은 끌어당김의 법칙이라고 말했다.

이 말은 이 책을 읽은 사람들에게는 금방 이해 할 수 있는 말이지만 읽지 않은 사람들을 위해 설명을 하자면 원하는것, 정말 간절하게 원하는 것은 이루어진다는 것이다. 부정적인 생각을 아예 머릿속에서 지우고 긍정적인 생각만으로 간절하게 원하면서 항상 미래를 이룬것처럼 생각하고 행동하라는 것이다. 곧 내가 원하는 것 그리고 그것을 원하는 사람들이 모이게 되고 원하는 것을 이루는 것이다.

당신의 가치를 높이고 행운을 창조하기 위해서는

첫째는 언제나 준비해야 한다는 것이다. 행운을 창조한다는 것, 그것은 행운을 만들어 내는 것이다. 행운을 만들어 내기 위해서는 나에게 주어진 행운을 놓치지 말아야 한다는 것이다.

우연히 당신에게 행운이 찾아온다면 당신은 그것을 놓치지 않아야 한다. 그러기 위해서는 다양한 분야에 자격증과 경력 당신이 할 수 있는 모든 것에서 최선을 다해 준비해 두어야 한다.

그리고 둘째는 당신이 원하는 분야에 전문성을 높여 두어야 한다. 세분화되고 전문화 되어 가는 시대에 걸맞게 누구나 할 수 있는 분야가 아니라 새로운 분야 아니면 아무나 도전하지 않는 분야에 주역이 될 수 있어야 한다는 것이다. 이것은 본인이 창조하지 않아도 외부 환경이 당신에게 많은 행운을 제공할 것이다.

그리고 마지막으로 행운을 창조하여 당신의 가치를 높일 수 있는 것은 인적네트워크이다.

인맥관리야 말로 행운을 만드는 마지막 관문이고 최고의 행운을 만드는 것이다.

당신의 능력을 인정해 주고 알아주는 사람, 이런 사람들과 같이 하는 것이 바로 행운의 창조이다. 어떤 분야에서 어떤 이유에서든지 인맥관리는 가장 중요하고 성공으로 지름길이다.

당신의 가치를 높이기 위해서 준비된 사람이기 바란다. 이렇게 행운을 인공적으로 만들어 가면서 그 자리에서 당신의 가치를 보여 준다면 당신은 행운라는 날개와 함께 미래를 향해 희망 찬 날개 짓을 할 수 있을 것이다.

제9장

행운을 기다리는 사람을 위하여

1 고통은 아직 익지 않은 그린 올리브

아픔만큼 성숙한다는 노래 가사처럼 큰 성공으로 가기 위해서는 그 만큼 희생이나 고통이 따른다. 미 부동산 거부이자 미합중국 대통령인 도널드 트럼프는 이렇게 말한다.

"소박한 꿈은 아무 소용없다. 무엇이 됐든 마법은 일어나지 않을 테니까."

대신 그는 큰 꿈을 가지라고 말한다. 여기에 그 꿈을 이루기 위해 열심히 노력하여 정상에 오르겠다는 포부를 가져야 한다. 분명한 것은 큰 꿈을 이루기 위해서는 소박한 꿈에서는 생각할 수 없는 노력이 있어야 한다. 그리고 그 꿈을 향해 가는 길에 시련이 닥친다면 그 것 또한 표현하기 힘든 큰 역경의 파도가 되어 덮칠 것이다. 하지만 여기 그 고통을 넘어 〈뉴욕타임스〉, 〈볼티모어 선〉, 〈폭스 TV〉, 〈미국

AP통신〉 등을 통해 전해진 자랑스런 한국인이 있다. 휠체어를 타고 항상 밝은 표정으로 병동을 누비는 한국인 의사 로버트 리(Robert Lee). Robert보다 이승복 이라는 한국 이름으로 기억되기를 바라는 그는 미국 내 단 두 명뿐인 사지마비 장애인 의사 중 한 명이다. 열정과 자신감을 지닌, 휠체어를 타고 다니는 재활의학과 의사인 그의 모습은 환자들에게 희망의 상징이며, 그와 환자들 간에는 정상인 의사들과는 다른 특별한 유대감이 형성된다. 전미 올림픽 상비군의 촉망받는 체조선수였던 그가 훈련 도중 사고로 사지마비 장애자가 된 후 세계 최고의 병원 존스홉킨스 병원의 수석 전공의가 되기까지, 그의 이력은 매우 화려하다. 뉴욕대에서 공부를 마치고 콜럼비아대 공중보건학 석사를 마쳤으며, 명문 다트머스대에서 본격적인 의학공부를 시작, 하버드대에서 인턴과정을 수석으로 졸업하였다.

사지마비라는 보통 사람들은 그 장애자체를 극복하고 받아들이는 것조차 힘들어 할 사실이 그에게는 슈퍼맨이라는 별명을 얻게 만들었다. 수많은 인터뷰와 기사는 힘든 사람들에게 희망의 불씨를 지펴주고 한국 사람들 에게 자랑스러움을 심어 주었다. 그가 근무하고 있는 존스홉킨스 병원에서도 자신들의 신문에 그의 감동어린 이야기를 전하고 환자들이 그의 진료를 특별히 요청할 정도로 그의 이야기는 많은 사람들에게 깊은 감동을 남기고 큰 반향을 불러일으켰다. 한국에도 그의 소식이 알려져, 언제인가 KBS 다큐멘터리 프로그램 〈인간극장〉을 통해 그의 이야기가 5부작으로 방영되었다. KBS 〈인간극장〉 '슈퍼맨 닥터 리'편이 방영된 뒤 〈인간극장〉 시청자 게시판에는 수천 개의 격려와 감사 글들이 쏟아졌고, 각종 유명 포털 사이트들에 '슈퍼맨 닥터 리'라는 이름의 팬 카페들이 형성되는가 하면, 수많은 블로그에서는 그의 감동어린 이야기를 서로 전하며 함께 나눴다. 많은 사람들에게 고통은 참고 견디면서 나아가 볼 만한 것이라는 것을 알려주는 일화이다. 하지만 로버트 리(Robert Lee)처럼 큰 고통을 일반인들이 겪는 일은 그렇게 많지 않다. 이처럼 체조선수에서 절망의 나락 끝까지 떨어져 바닥을 박차고 올라와 그 고통 속에서 그 누구보다 아름다운 꽃을 피울 수 있는 행운을 만든 것이다. 되지 않는다고 실패를 예감하고 스스로 먼저 실패를 만들어 버리는 사람들이 많다. 하지만 실패를 예감해도 마지막까지 가보라고 충고하고 싶다. 때로는 그 실패로 가기 전에 쉽게 해결하는 방법이 숨어 있기도 하다는 것을 알아야 한다.

실패를 예감하고 그만두는 경우 다시는 그 일에 도전하지 않는다. 잘못되었을때 따를 고통은 잘못되고, 완전히 실패를 하고 나서 느껴라. 그전에 미리 짐작으로 그 고통이 두려워 포기하지 말라. 우리는 실패를 두려워해야 하는 것이 아니라 그 실패로 다시 도전하지 않는 포기를 두려워해야 한다. 로버트 리(Robert Lee)의 고통과 역경을 이겨낸 아름다운 모습만 보여 지지만 그가 그 고통과 싸우면서 역경을 딛고 일어난 것은 그 어떤 아픔을 비교해서 풀어내도 다 할 수 없으리라 생각한다. 하지만 그는 실패를 두려워하지 않고 그 고통과 싸우면서 인간의 한계에 도전했고 인간의 무한한 능력을 몸소 보여주었다. 이렇듯 고통을 고통으로 받아들이고 현실의 지하에 숨어들어버린다면 영원히 찬란한 태양의 빛을 받을 수 있는 행운을 스스로 포기하는 것이다. 조개의 눈물처럼 진주를 만들어 내는 것은 고통을 당당하게 맞서 싸운 사람만이 가질 수 있는 것이다.

실수는 누구나 할 수 있고 그 실수가 실패로 이어질 수 도 있다. 하지만 그 실수가 실패로 이어져도 포기하지 않고 다시 도전하고 사람만이 완숙한 올리브를 딸 수 있는 것이다.

2 슬럼프에서 벗어나야 한다

　슬럼프란 운동 경기 따위에서, 자기 실력을 제대로 발휘하지 못하고 저조한 상태가 길게 계속되는 일. '부진', '침체'로 순화되는 것을 뜻한다. 슬럼프가 발생하는 원인을 찾아보면 자기 자신과의 싸움에서 지쳤을때 슬럼프가 찾아오고 생기는 경우를 살펴보면 이루기 힘든 목표를 세우고 도전하다 지치면서 자기 자신도 모르게 빠져드는 경우가 많다.

　슬럼프가 길어지면 점 점 그 목표를 포기하게 되고 현실에 안주하면서 만족하게 된다. 그러므로 슬럼프에 빠진 듯한 느낌이 오면 처음 목표를 세웠을 때를 떠 올리면서 초심으로 돌아가 스스로에게 동기부여를 하여야 한다. 어떻게 집중할 것인지 어떻게 현실적으로 목표를 실천해 나갈지에 대해 슬럼프에서 벗어나야 행운을 다시 잡을 수 있는 것이다. 처음의 목표가 너무 크다면 중간 계획을 다시 세우고, 그 목표를 향해 나아갈 수 있도록 단계 단계 세부 목표를 세워 하나씩 성취해 나가다 보면 어느새 내가 세운 최종 목표에 도달 할 것이다.

슬럼프가 찾아온다면 우선은 휴식을 취하면서 잠시 그 일을 멈추고 쉬는 것도 좋은 방법이다. 잠시 일상에서 벗어나서 내가 일하는 곳이 아닌 다른 장소를 찾아 휴식을 취하는 것도 한 방법이다.

우리가 일을 하면서 힘들다고 느끼는 것은 일이 잘 풀리지 않을 때이고 원하는 것을 얻지 못할 때이다. 일이 잘 풀리고 하는 일마다 성공과 연결된다면 슬럼프는 쉽게 찾아오지 않는다. 그러므로 일상의 공간을 벗어나 여행을 떠난다든지 내가 하는 일과 연관되지 않은 다른 장소를 찾아 휴식을 취하면서 풀리지 않는 일에 대해 천천히 떠올리다 보면 해결 방법이 생각나곤 한다.

이 슬럼프를 잘 극복하지 못하고 그 자리에 좌절하고 안주하면서 우울해 하면 앞으로 나아갈 수 없는 슬럼프는 위기로 다가오는 것이다. 그러므로 당신이 느끼는 순간 그리고 주위 사람들이 당신의 우울을 휴식해야 한다고 느끼는 순간이 오면 주저 말고 하던 일을 멈추고 잠시 자신이 일하는 공간에서 벗어나기를 부탁한다. 그리고 휴식하고 새롭게 도전할 수 있는 아이디어, 문제를 해결할 수 있는 아이디어가 떠오른다면 다시 당신의 자리로 돌아와 그 목표를 향해 전진하라고 이야기 해주고 싶다. 슬럼프에서 벗어나는 것 못지않게 앞으로 나아가야 할 방향을 검토하고 풀리지 않는 잘못된 문제에 대해 해답을 얻는 것도 중요하다. 휴식에서 그 해답을 찾으면 바로 당신의 일로 돌아와 매진한다면 당신은 성공의 행운을 얻을 것이다.

슬럼프 극복하는 방법

1. 억지로 웃기

웃음은 최고의 보약이라는 말이 있다. 하지만 힘들고 우울한 상황에서 웃는다는 것은 쉬운것은 아니다. 하지만 억지로라도 웃으면 우리의 뇌는 웃는 것으로 인식을 하고 기분을 좋게 하는 다이돌핀이라는 호르몬이 분비가 된다고 한다.

폴 에크먼 박사(미국 샌프란시스코의대)는 "사람이 특정한 감정 표현을 흉내 내면 몸도 거기에 따른 생리적 유형을 띤다"면서 일부러라도 웃는 것이 건강에 도움이 된다고 강조하였다. 그리고 독일의 티체 박사는 '웃음은 모든 질병의 근원인 스트레스를 진정시키고 혈압을 떨어뜨리며 혈액순환을 개선시키는 효과가 있을 뿐 아니라 면역체계와 소화기관을 안정시키는 효과도 있다'고 하면서 화가 나지 않아도 화내는 표정을 하면 심장 박동수와 피부 온도가 올라가지만 웃는 표정을 지으면 반대의 생리적인 변화가 일어나서 스트레스가 경감된다고 한다. 그러니 스스로 우울해지는 감정을 느끼면 억지로라도 웃어보자.

2. 명상하기

조용히 혼자서 마음을 다스리며 명상을 해보는 것도 긴장을 완화 시키고 즐거웠던 추억을 떠올리면 우리 뇌는 좋은 호르몬을 분비한다. 그러므로 평소에 즐거웠던 추억이나 일의 성공으로 성취감을 느꼈던 것을 메모 해 두었다가 명상을 하면서 떠올린다면 어느새 그때의 감정으로 돌아가 있을 것이다.

3. 독서하기

이것은 필자가 많이 사용하는 방법이다. 일을 하면서 한계에 부딪히거나 힘든 상황에 놓이면 긍정적인 책과 성공한 사람들의 책을 무조건 읽는다. 하루 종일 힘들게 하는 상황에서 벗어나 책 속에 빠져 책 속의 주인공을 공감하고 하나됨을 느끼고 나면 어느새 성공한 사람이 되어 있다.

4. 자기 암시하기

명상하기나 독서하기 뒤에 하면 효과가 뛰어나다.

감정순화를 하고 긍정적인 자기 암시를 하면서 지속적으로 마인드컨트롤을 하는 것이다.

자기 암시의 주창자인 프랑스의 심리학자 에밀쿠에는 '나는 모든 방면에서 조금씩 나아지고 있다'라고 하면서 긍정적인 문장을 계속적으로 그리고 규칙적으로 암시를 하여 스스로를 긍정적으로 만들어 갈 수 있다고 하였다.

5.노래하고 춤추기

자신감 상실과 실패로 가슴이 답답하고 우울함을 느낄 때 집 앞에 나가면 어디든지 있는 노래방을 이용해보라고 하고 싶다.

고함을 지를 수 있는 노래를 선곡해서 마음껏 소리도 질러 보고 다른사람 시선 의식 하지 않아도 되니 정말 미친듯이 춤을 추고 해서 몸 속에 쌓인 스트레스와 우울을 다 털어내는 것이다.

6. 여행하기

혼자만의 여행도 좋고 마음을 주고 받을 수 있는 친한 친구와 떠나는 것도 좋다.

혼자 여행은 생각을 정리할 수 있는 시간을 만들어 주고 친구와 같이 떠나는 여행은 답답하고 속상한 것을 이야기 하면서 풀어 나갈 수 있어서 좋다. 때로는 힘든 상황을 이야기만 하여도 그 답답함과 우울함이 어느 정도 풀리기 때문이다.

7. 글로 적어 찢어버리기

힘들게 하는 것, 잘 풀리지 않는 것, 화나게 하는 것, 하나씩 메모를 해 보자.

그리고 그것을 시원하게 찢어버리자. 경쾌하게 종이 찢는 소리 자체가 스트레스를 날릴 수 있을 것이다. 그러면서 하나씩 풀리지 않는 것, 화나게 하는 것이 그렇게 찢어져 없어지고 해결 된다고 생각하자. 그리고 앞으로 해야 할 일에 대해서 적어보자. 그렇게 하나씩 미래에 해야 할 일에 대해 적어보면 희망도 생기고 계획도 생기게 된다.

3 비관에 빠지지 말아야 한다

사람이라면 누구나 실패를 경험하게 된다. 한 번의 실패도 경험하지 않은 사람이 있다면 아직 의사표현이 힘든 유아기 아이들뿐이지 않을까 싶다. 이 아이들은 배가 고파 울지만 가끔 의사소통의 실패로 한 번에 우유를 먹지 못하는 경우도 있을 것이고 안아달라고 보채는 것이지만 이것 또한 의사소통의 실패로 안기고 싶은 때 엄마 품에 안겨보지 못할 때가 있을 것이다. 하지만 끊임없이 울어보기도 하고 웃어보기도 하면서 신호를 보내 원하는 것을 얻어내는 것이 아이들이다. 우리는 어떤가? 모두가 다 그런 것은 아니지만 적극적이고 긍정적인 사람은 실패를 해도 이것을 더 나아가기 위해 발판으로 삼아 다시 도전하지만 소극적이고 부정적인 사람은 한번 두 번 도전에 실패하면 스스로를 해도 안 되는 사람, 할 수 없는 사람으로 실패자로 낙인

찍고 자신의 삶을 비관하게 된다. 이런 비관은 인생의 또 다른 실패를 불러올 수 있다. 그리고 시도하지 않고 도전하지 않는 것은 곧 행운과 멀어진다는 것을 알려주는 것이다.

앞에서 여러번 이야기 했지만 토마스 에디슨은 전구를 발명하면서 수천 번의 실험 끝에 성공했다. 전구의 발명을 보고 한 젊은 기자가 에디슨에게 "그토록 수 없이 실패를 했을 때 기분이 어떠했습니까?"라고 물었다. 그러자 에디슨은 "실패라니요? 난 한 번도 실패한 적이 없습니다. 난 단지 9,999번의 단계를 거쳐서 전구를 발명했을 뿐입니다." 과연 우리는 9,999번의 실험은 고사하고 10번의 시도는 해 볼 수 있을까라는 생각을 해본다. "이건 안 되는 거야"라고 금방 포기하고 "그렇지 뭐 난 해도 안 되는 거야"라고 스스로 자신을 비관하고 포기하게 된다.

동양속담에 칠전팔기(七轉八起)라는 말이 있다. 7번 도전해서 실패하면 8번 도전을 하라는 것이다. 그러면 성공할 수 있다는 이야기이다. 이렇게 8번을 도전하는 것도 우리에게 속담이 있듯이 보통 평범한 사람에게는 힘든 일이다. 3~4번 시도해 보고 안 되면 보통의 사람은 이건 나에게는 안 되는 일인가보다 라고 하고 돌아서는 것이 다반사이다. 하지만 우리가 간과 하고 있는 일 그리고 위인전에 등장하는 많은 사람들이 하는 이야기가 포기하고 돌아서는 그 뒤에 바로 행운이 숨어 있다는 것이다. 긍정적인 마인드를 가진 사람들은 매번 포기라는 말보다는 분명 '다음번에는 될 거야'라는 자기 암시와 함께 다시 시도하면서 행운을 자기 앞으로 끌어당긴다.

당신이 포기하고 돌아서는 당신의 등 뒤에 성공을 안고 있는 행운이 웃고 있다는 것을 잊지 말아야 할 것이다. 비관론자는 모든 행운 속에서 어려움을 찾아내고 낙관론자는 모든 어려움 속에서 행운을 찾아낸다고 한다. 자동차 왕으로 알려진 헨리포드가 자동차를 만들게 된 계기는 헨리포드의 어머니가 편찮으셔서 의사를 부르러 말을 타고 가는 도중에 어머니가 돌아가셨다. 그 뒤 그는 말보다 더 빠른 것을 만들겠다는 비전을 품고 결국 자동차를 만들었다. 지금도 디트로이트 자동차 기념관에 가면 헨리포드의 사진 밑에 이런 글귀가 있다고 한다.

'The Dreamer(꿈꾸는 자)'보통의 사람들 같았으면 단순하게 어머니의 죽음을 빨리 달리지 못한 말을 원망하고 비관하면서 시간을 보냈을 것이다. 하지만 헨리포드는 비관만 하지 않고 그 속에서 비전을 세우고 행운을 만들었다. 비관은, 행운을 당신에게서 멀리 멀리 도망가게 만드는 것이다. 어떤 상황에서도 자신을 이기고 극복할 수 있는 것은 당신의 명확한 비전을 세우는 것이다. 명확한 비전이 있다면 당신의 실수도 실패도 두렵지 않을 것이다. 행운은 비전이 있는 사람을 찾아오고 비전이 있는 사람은 미래가 있고 비전을 품은 사람의 미래는 운명이 좌우하는 것이 아니라 비전이 좌우한다. 비관하는 것은 자신의 의지, 생각이나 노력을 배제하고 타인의 생각, 의지대로 움직인다. 이렇듯 비관이란 스스로를 포기하는 것이다. 이렇게 스스로를 포기하고 타인의 의지와 뜻대로 움직인다는 것은 본인의 목표를 향해 나아가는 것이 아니라 타인의 목표를 이루어주기 위해 움직이는 것이다. 이런 사람에게 행운은 내 것이 아니라 타인의 것이다. 그러므로 당신의 의지와 당신의 목표 즉 비전을 세우고 행동하여 당신의 행운을 만들어라.

4 실패를 두려워하지 마라

우리의 생활 속에서 일어나는 모든 일들은 우리를 성장시키기 위해 우리가 자초해서 일어나는 일들이다. 실패를 한다는 것은 우리가 무엇인가를 성공하기 위해 만들어 본 경험이고 그 것이 성공하지 못했기 때문에 실패라는 말을 듣는 것이다. 미국의 한 회사는 사원을 채용할 때 실패하여 해고당한 경험이 있는 사람을 우선 채용한다고 한다. 실패에 대한 뼈아픈 경험이 큰 자산이라는 것을 알고 있기 때문이다. 우리나라 모기업회장의 운전기사를 뽑을 때도 그렇다고 한다. 사고경험이 있는 사람을 골라서 뽑는다고 한다. 사고 경험이 있는 기사는 운전할 때 사고가 없는 사람보다 더 주의를 기울이고 안전운전을 하면 예상치 못한 돌발 상황에서도 위기에 대처하는 능력이 생기기 때문이다. 이렇듯 실패를 딛고 일어서는 사람을 사회는 실패를 탓

하지 않는다. 운동 중에 유도를 배울 때도 잘 넘어지는 법을 먼저 배운다. 그래서 넘어지면 당연하게 일어나야 한다는 것을 깨우친다. 하지만 실패란 말을 두려워하여 아무것도 시작 해 보지 않는다면 그것은 스스로가 행운을 만들지 않는 것이다. 행동으로 옮기는 과정에서 실패도 다음에 성공을 위해 많은 것을 일깨우는 계기가 될 것이고 그 과정에서 일어나는 성공은 우리를 더 많은 행운과 만날 수 있게 만들어 줄 것이다.

실패는 실패가 아니라 성공으로 가기 위한 또 하나의 성공이다. 어떤 일을 하면서 내가 원하는 답이 나오지 않고 잘못되었을 경우에 그것은 실패가 아니라 나에게 다시 그 일을 반복하지 않을 수 있는 답을 알려준 것이다. 그리고 그렇게 행동한다면 어떤 결과가 초래한다는 것을 알게 되는 것이다. 능력이 있는 사람일수록 실패도 많기 마련이다. 많은 경험 속에서 실패를 두려워하는 것이 아니라 그 실패로 다시 실수 하지 않고 나아가는 방법을 터득하는 것이다. 실패나 실수를 바라보는 안목을 바꾸고 그 실패나 실수를 딛고 일어서서 현실을 바라 볼 수 있다면 이미 그것은 절반이상 실패를 극복한 것이다. 실패가 아니라 또 다른 성공이라고 생각하고 또 다시 도전한다면 내가 실패할 수 있는 확률이 줄어드는 것이다. 이렇게 실패를 두려워하지 않고 도전한다면 성공할 수 있는 행운이 빨리 당신을 찾아 올 것이다. 하지만 실패를 실패로 받아들이고 두려워 앞으로 나아가지 못하고 주저하고 안주한다면 당신에게는 성공할 행운이 그 만큼 줄어드는 것이고 원하는 것을 얻을 행운은 멀어지는 것이다. 당신이 앞으로 나아가기 위해 그리고 인생의 목표들을 성취하기 위해서는 실패라는 단어를 두려워하지 말아야 하며 행운의 동반자가 실패라는 것을 명심해야 할 것이다. 정말 운 좋게 한 번에 성공하는 것들도 많지만 그것은 분명 큰 목표가 아니기에 가능 할 것이다. 당신이 진정 이루려는 것이 원대한 포부라면 수 없이 많은 실패가 함께 한다는 것을 새겨두고 실패는 좋은 행운을 잡기 위한 하나의 발판이라고 여겨야 할 것이다. 하지만 실패는 긴장과 두려움을 만들고 두려움은 자신감을 없애고 판단력을 흐려 앞으로 나아가는데 장애가 된다. 어떻게 실패를 딛고 일어서야 하는지에 대해 명언들은 쉽게 이야기 한다. '실패는 성공의 어머니이다', '위기는 행운이다' 등, 하지만 이런 실패를 딛고 일어서는 것은 말처럼 쉽지가 않다. 하지만 우리가 한 가지 일에 익숙해지기 위해서는 21번의 실패가 필요했고, 아기가 걸음마에 성공하기 위해서는 1500번의 넘어짐이 필요하다. 이렇듯 우리가 지금 익숙하게 행하는 이 모든 행동이 한 번에 이루어진 것이 없다는 것을 염두해 둔다면 실패를 극복하는 것도 어느 정도 도움이 될 것이다. 때로는 실패라는 말로는 도저히 표현하기 힘든 역경을 극복한 사람들의 이야기도 좌절과 실패를 극복하는데 도움이 된다.

실패라는 말로 인생을 표현하기에는 단어가 부족하다는 말이 맞는, 실패를 행운으로 삼은 대표적인 흑인여성 '오프라 윈프리', 흑인사생아, 13세 때 성폭행 당하고, 14세 때 임신, 20세에 마약에 빠진 그녀, 누가 보아도 그녀는 인생의 실패자였다. 하지만 위기와 고난을 극복하는 흑인여성들의 강인한 삶을 다룬 소설을 읽고 부끄러운 과거를 이겨낸 의지를 길렀다. 그리고 마침내 영화배우로 TV제작자로 자선가로 사업가로서 실패를 이겨낸 성공한 사람으로 전 세계적으로 알려졌으며 경제 전문지 '포브스'는 1년간 미국 TV방송 진행자중 가장 돈을 많이 버는 스타로 그녀를 꼽았다. 오프라 윈프리처럼 인생의 바닥까지 떨어진 상황에서 현실을 극복하고 삶의 가장 최고의 봉우리까지 올라갈 수 있는 사람은 흔하지 않다. 또한 보통사람에게 이렇게 큰 실패나 좌절감을 안겨주는 일이 흔하게 생기지는 않는다. 우리가 실패를 두려워했다면 지금 당연하게 서고 걷는 것도 하지 못했을 것이다. 1,500번의 넘어짐 뒤에 당신은 지금 균형 잡고 걷고 달리고 한발로 설 수도 있는 것이다. 당신이 1,500번의 실패 전에 성공의 행운을 잡을 수 있을 테니 실패를 두려워하지 말라. 실패는 언제나 당신을 성공에 한 발짝 더 가까이 데려다 주는 행운란 것을 잊지 말아야 한다.

5 원망하지 말라

일이 잘 되지 않는 사람들을 유심히 관찰해 보면 항상 불만과 불평으로 가득 차 있다.

일반적으로 일이 잘 풀리고 잘 되는 사람들과의 차이를 살펴보면 일이 잘 풀리고 잘 되는 사람들은 긍정적으로 모든 것에 임하기 때문에 일을 함에 있어 실패를 하면 그저 지나가는 일의 진행 과정에 당연한 것이라고 받아들이고 다시 시도하게 되지만 유난히 실패를 많이 하는 사람들은 작은 실패도 크게 부풀려 생각하고 다시 시도하는 것 자체를 무서워하면서 한걸음 뒤로 물러서게 된다. 이런 사람들은 행운은 모두 자기 자신을 비켜 간다고 생각하고 투덜거리면서 스스로를 불행한 사람으로 자신에게 마법을 걸게 된다. 그러면서 시간이 지나면서 자신이 일이 잘 풀리지 않는 것이 당연하다고 받아들이고 오히려 행운이 찾아 왔을 때 당황하고 한 발짝 뒤로 물러서면서 행운을 잡지 못하는 상황이 오는 것이다.

행운이 있고 없음은 행운을 얻을 마음의 준비가 되어 있는 사람의 것이다. 누구에게나 행운은 똑같이 찾아오는 것이다. 단지 그것이 자신에게 찾아온 행운인지 행운이 아닌지 인지하지 못할 뿐이다. 행운이 없는 것이 아니라 찾아온 행운을 느끼지 못하고 행운을 알아보지 못하는 우둔함에서 오는 것이다. 행운이 없음을 원망하지 말고 오늘부터라도 당신을 찾아온 행운을 알아보는 밝은 눈을 갖기 위해 노력하여야 할 것이다.

행운이 없다고 말하는 사람들은
1. 불평불만이 많은 사람,
2. 남에게 의존하는 사람,
3. 부정적인 사고를 하는 사람,
4. 현실에 안주하려고 하는 사람,
5. 게으른 사람.
당신이 이 중에 한 사람이라면 행운이 없음을 원망하지 말고 당신의 불평불만을 해결하는데 오늘부터 그 에너지를 쏟아야 하고 남에게 의존하는 사람이라면 다른 사람을 도와주면서 상대방에게 힘이 되어주는 사람이 되어야 하고 부정적인 사고를 하는 사람이라면 당장 오늘부터 긍정적인 마인드를 갖기 위해 노력하고 공부를 해야 할 것이다.

현실에 안주하고 싶은 마음이 크다면 미래에 대한 그림을 그려보고 게으른 사람이라면 당장 눈에 보이는 작은 것부터 정리하면서 게으름과 멀리 해야 할 것이다.

행운은 붙잡으면 늘어나서 더 많은 행운을 제공해주지만 행운을 인정하지 않고 무시하면 행운은 죽어버린다고 한다. 행운이 없음이 아니라 그 행운을 보지 못하는 것이고 자기의 행운을 신용하지 못하고 인정하지 않는 것이다. 당신에게 행운이 없다면 행운이 많다고 느끼는 삶을 엿보아라. 그리고 다른 점을 찾아내어 보고 흉내 내어 보는 것이다. 행운에 많이 노출되어 있는 사람들을 살펴보면 명확한 비전을 가지고, 긍정적이고 남을 위해 봉사할 줄 아는 사람, 미래를 향해 끊임없이 나아가려는 사람이다. 이런 사람들을 살펴보면 끊임없이 도전하고 부지런하고 자신에게 찾아오는 행운도 정확하게 보고 주변의 환경을 탓하기 보다는 본인의 장점 단점을 잘 파악해서 적응하려고 노력하는 사람들이다. 악마의 달력에는 'Tomorrow'만 쓰여 있다고 한다. 내일, 내일, 내일, 그래서 매일 내일이 있다고 생각하고 게으름을 피우면서 아무것도 하지 않고 내일을 기다리는 것이다. 하지만 천사의 달력에는 'Just now' 바로 지금이라는 말이 있다고 한다. 바로 지금 최선을 다해서 열심히 사는 것. 매 시간마다 최선을 다해서 바로 지금에 충실하고 노력을 한다면 행운은 그 순간 속에서 숨쉬고 있다.

6 후회하지 마라

우리 속담에 하늘은 스스로 돕는 자를 돕는다는 말이 있다. 이 말은 스스로 발전하기 위해 노력하는 사람, 어떤 위기 상황이 닥쳐도 극복하기 위한 액션을 취하는 사람에게는 그것을 극복할 수 있는 상황으로 바뀌어 진다는 것이다. 노력하지 않고 신세 한탄만 하여서는 그 위기를 벗어날 수 있는 방법이 없다는 것이다. 우리는 주위에서 흔하게 잘못된 일에 대해서 내 탓 이라기보다는 남 탓을 하는 사람들을 볼 수 있다. '그 사람만 아니면 이렇게 되지 않았을 텐데⋯', '남편만 만나지 않았으면 이 신세는 되지 않았을 텐데⋯', '그 여자만 만나지 않았어도 그때 다른 여자를 만났더라면 지금 이렇게 힘들지 않았을 텐데⋯' 하면서 모든 일들을 주위 사람들에게 돌리고 원망만 하면서 신세 한탄으로 시간을 보내는 사람들이 많다. 잘되면 내 탓이고 못되면 조상 탓이라고 말이다. 하지만 결코 이렇게 주위사람을 원망하고 주변 환경만 원망하고 앉아 있어서는 어떤 행운도 찾아오지 않는다는 것이다. 원망과 신세한탄은 머리에서 지우고, 힘든 현실에 놓여 있다면 이것을 극복하기 위해 어떤 행동을 해야 할지 생각하고 움직여야 할 것이다. 요한 볼프강 폰 괴테(Johann Wolfgang Goethe)는 '시작과 창조의 모든 행동에 한 가지 기본적인 진리가 있다. 우리가 진정으로 하겠다는 결단을 내린 순간 그때부터 하늘도 움직이기 시작한다.'라고 하였다. 원망만으로 가득 차 절망 속에서 살고 있다면 어떤 발전도 변화도 없을 것이다. 당신 인생에서 가장 큰 성공은 실망을 희망으로 만들고 절망을 전망으로 만들어서 과거의 일에서 벗어나 미래의 전망을 만들어서 오늘도 열심히 노력하며 최선을 다하여야 한다는 것이다. 실망과 절망 속에서 하늘만 원망하고 있으면 더욱 더 힘든 상황만이 만들어 질 것이다. 괴테의 말처럼 진정으로 원하고 갈망하여 그 일을 하겠다고 결정을 내리면 그 어떤 어려움도 극복이 가능하게 된다.

앞에서도 언급한 바 있지만 현실은 과거에 내가 만들어 놓은 거울이 라는 것이다. 지금 그 사람을 선택한 것이 힘들어 신세한탄을 하는 당신이지만 당신이 싫어하는 그 환경도 과거에 당신이 만들어 놓은 것이다. 그렇다면 미래에 당신의 거울을 상상하면서 오늘 미래를 위한 씨앗을 뿌리고 움직인다면 하늘은 반드시 당신에게 당신이 원하는 것을 이룰 수 있는 행운을 줄 것이다. 행운은 하늘이 만들어

주기보다는 본인이 스스로 결정하여 만드는 것이기 때문이다. 무엇이든 하려고 마음먹고 도전한다면 하늘도 도와준다는 이야기지 결코 하늘이 행운을 만들어 당신에게 편안하게 성공의 길을 열어 주는 것이 아니다. 과거의 사실에서 벗어나 미래의 전망과 목표를 생각하면서 현실에서 최선을 다하면 된다.

7 감정 조절을 해야 한다

즉흥적인 사람들은 기분에 따라 매 순간 행동을 한다. 그래서 목표를 정해 두고도 기분에 따라 행동을 하기 때문에 처음 시작할 때와 다른 방향으로 일이 진행 되는 경우가 많다.

기분이 좋아서 열심히 노력하다가 순간적으로 기분이 나쁜 일이 있으면 또 금방 그 일을 그만두고 기분이 안 좋아서, 컨디션이 좋지 않아서라고 하면서 감정적으로 행동을 하게 된다.

주위에서 이런 사람들을 보면 다혈질이면서 자신의 감정을 잘 다스리지 못하는 것을 볼 수 있다. 주위 환경 때문에 주변 사람들 때문에 당신이 기분이 상하고 화가 나서 당신 마음의 상처를 낼 필요가 없다. 당신이 화가 나서 분해서 얼굴을 울그락 불그락 하고 있을때 당신 주위 환경이나 주변 사람들은 아무렇지도 않다는 것이다. 그러므로 당신은 그런 주위 환경에, 주변 사람에게 휘둘릴 필요도 없고 신경 쓸 필요도 없다는 것이다. 자의든 타의든 당신이 처해 있는 환경과 사람을 멀리 할 수 없다면 그렇게 화를 내면서 당신 마음을 그들에게 보일 필요는 없다. 냉정하게 감정을 다스리는 연습을 하고 표정 관리하는 연습을 꾸준히 해야 한다. 그렇게 자신의 모습을 다 드러내는 것은 그것도 화내는 모습은 분명 마이너스로 작용한다. 일을 하는 관계에서는 당신의 모습은 냉정하고 이성적이고 정확한 사람으로 보여져야만 더 많은 사람이 당신과 일하기를 원할 것이다. 당신과 의견 충돌이 있거나 당신과 반대되는 의견으로 당신의 감정을 상하게 한다면 당신은 상대방이 틀렸다고 생각하지 말고 당신과 다른 생각을 가진 사람이라고 인정하면 된다.

사람의 생김새가 다 다르듯이 생각하는 것도, 목표도, 의도하는 것도, 가치관도 모두 다 다른 것이다. 똑같은 목표나 비전을 가지고 있다고 해도 그것을 실행하는 방법 또한 다양하다. 그러므로 의견 충돌이 일어나거나 상대방의 기분 나쁜 행동들을 그대로 다 받아들여 자신 속에서 폭발 시키지 말고 다름을 인정하고 수용하여 내면에서 융화하도록 해야 한다. 서로의 다름을 비난하거나 비판하기 시작하면 돌이킬 수 없는 관계로 발전하고 서로에게 상처만을 내고 일을 끝맺지 못하는 관계에서 끝나는 것이다. 그러므로 자신의 감정을 다스리기 위해 마인드컨트롤을 하는 연습을 해야 한다. 사소한 것에 목숨 걸어 일을 그르치는 일이 없도록 너그러워지고 여유로워지는 연습을 하여야 한다. 기분이 나빠지거나 저조할 때 다운되는 기분을 살

피면서 너그러워지는 연습을 하면 된다. 그러면 기분이 업 되어 일의 진행에 박차를 가할 수 있고, 또한 당신이 들어서 기분 나쁜 말이면 상대방에게도 하지 않도록 조심해야 한다. 하지만 진정으로 성공한 사람이나 인격적으로 성장한 사람이라면 다른 사람의 기분 상하게 하는 말에 상처를 받지 않는다. 상처를 받는다는 것은 자기 자신이 상처 받도록 그냥 방치해 두는 자신을 발견할 수 있기 때문이다. 도움이 되려면 때로는 잔인하기도 해야 한다는 서양 속담이 있다. 당신이 듣기 싫은 충고나 조언 등은 의도적으로 당신의 감정을 상하게 해서 일을 망치기 위해 그런다고 생각할 수도 있지만 당신을 발전시키고 변화시키기 위한 충고 일 수도 있다.

당신은 상대방의 이야기를 듣고 감정이 상해 흥분한 상태로 일을 그르치지 말고 상대방이 어떻게 말하는지에 중점을 둘것이 아니라 무엇을 말하려고 하는지 새겨 보아라. 당신에게 도움을 주기 위한 말인지 이성적이고 객관적으로 판단을 하라는 것이다. 그리고 기분 좋게 받아 들이는 모습을 보여 주어 당신이 얼마나 이성적인지 건설적인 사람인지 확인시켜 주어라.

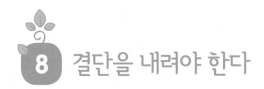

8 결단을 내려야 한다

　우리는 흔히 귀가 얇다는 소리를 듣는 사람들을 본다. 자신의 뚜렷한 주관으로 움직이기 보다는 이 사람 말을 듣고 옳다고 생각되면 금방 그렇게 해보고 또 다른 사람의 말을 듣고 맞는것 같다는 생각이 들면 또 금방 그게 옳다고 생각하고 행동하는 사람들이다. 결론적으로 이랬다 저랬다를 반복하면서 본인이 원하는 것이 무엇인지 목표를 잃어버리고 갈 길과 방향을 잃어버리고 다른 사람들 말에 따라 움직이다 방향을 완전하게 잃어버리게 된다. 괴테는 '가장 불행한 자는 우유부단한 인간'이라고 하였다. 우유부단한 습관은 무엇을 결정 내릴때 지나치게 많은 시간과 에너지를 낭비한다. 그리고 실패에 대해 두려워 결정 내리는 것을 망설이면서 현재를 허비한다.

　그러다 보면 원하는 것이 무엇인지도 모르고 남의 말에 움직이면서 우유부단하게 행동하면서 방향성을 잃어버리고, 목표가 무엇인지 모르면서 자신에게 오는 행운마저도 행운인지 모르고 지나치는 것이 당연하게 되어버린다. 사람들이 두 가지를 놓고 결정을 고민하면서 이러지도 저러지도 못하는 경우에 피카소의 동전에 대한 이야기를 해주고 싶다. 피카소는 선택을 해야 할 경우 동전을 던져 양면을 선택해야 할 일들 중 하나씩을 정하고 동전을 던져 선택을 했다고 한다. 하지만 피카소는 동전을 던져 선택한 일에 대해 이 길이든, 저 길이든 일단 선택한 다음에는 절대로 뒤돌아보지 않았다고 한다. 오로지 선택한 그 길에서 최선을 다해서 이뤄냈다. 처음 선택이 그 길을 가는데 힘들게 하는 것이 아니라 가는 도중에 이 길을 선택하지 않고 다른 길을 선택했더라면 '더 성공하지 않을까? 더 편하지 않을까?'라는 생각으로 '다시 되돌아갈까?' 등 갈등하면서 불필요한 고민과 갈등을 하는데 시간을 낭비하는 것이다. 이렇게 갈등하고 고민하면서 미적미적 하고 결론까지 가보면 그 차이는 많이 난다.그러므로 선택을 했다면 그 길이 어떠하든지 최선을 다해 보라.

때로는 과묵하게 주위 사람들이 옳고 그른 것에 대해서 뭐라고 해도 자신의 의지를 굽히지않고 소신 있게 묵묵하게 나아가면 행운이 찾아 올 것이다. 행운은 자기가 만들어 가는 것이다. 옳다고 생각하고 판단해서 나아가야 할 일에 대해서 결정을 내려 선택을 하게 되면 그 선택은 곧 책임이 되고 이 책임은 반드시 일을 해결할 수 있는 행운으로 발전하게 되는 것이다. 하지만 결정을 본인 의지로 하는 것이 아니라 주위사람들의 의견에 떠밀려 이렇게 저렇게 정해진 것 없이 우유부단하게 행동하여 원하는 것과 상관없이 흔들린다면 자신에게 찾아와야 할 행운도 이렇게 저렇게 흔들리면서 당신 곁을 스쳐 지나가게 될 것이다.

오늘부터 작은 결정을 하는 연습을 해 보아라. 다른 사람의 의견을 묻지 말고 혼자서 결정을 내리는 법을 연습하고 조금씩 큰일도 과감하게 결정을 내리도록 연습을 하라. 우유부단한 사람들을 살펴보면 대다수가 큰 일 겪지 않고 순조롭게 일이 해결되기를 바라는 사람들이다. 자신이 책임을 지는 것이 싫어서 실패 했을 때 다른 사람 탓으로 돌리기 위한 방편이기도 하다. 이것은 곧 행운이 와도 다른 사람의 몫이 된다는 의미이기도 하다. 그것이 행운인지 모르고 다른 사람과 상의하면서 자신에게 찾아온 절호의 행운을 알려주어 상대방에게 행운을 주는 것이다. 어느 누구도 미래에 대해서는 장담하고 확신하지 못한다. 하지만 좀 더 빠른 결정을 내리는 사람에게 좀 더 유리한 입장에서 행운을 잡을 수 있을 것이다.

작은 결정을 하는 연습을 한 후 결과를 살펴보면, 점차 육감에 의지하는 법을 배우고 배짱을 통해 더 나은 결정을 하게 된다. 조만간 이런 일을 통해 진정한 장점을 얻을 수 있다. 일단 스스로 빠른 결정을 내리는 능력이 생기면 뒤돌아보지 않고 앞으로 전진 하는데 최선을 다하여 앞서 나아가서 행운과 함께 하라. 우유부단은 잘못된 결정보다 나쁘다고 한다.

이런 것을 고쳐 나가기 위해 메모하는 습관을 기르고 앞서 언급한 우선하는 일에 중점을 두어 결정을 내려 실행하는 연습을 해 보면 좋을 것 같다. 오늘부터 말만 하는 사람이 아니라 행동하는 사람이 되기 바란다.

제10장

행운을 만드는 방법

1 주도적으로 살아라

자신의 삶에 주인공은 자기 자신이다. 누군가가 만들어 주는 것이 아니다. 물론 부모를 잘 만나서, 운이 좋아서, 남들보다 더 나은 환경에서 시작은 할 수 있다. 하지만 그것 또한 본인의 노력과 의지가 있어야만 더 나은 자리로 나아갈 수 있다. 하지만 가진 게 없다고 환경이 남들보다 좋지 않다고 해서 불행해 할 이유는 없다. 많은 사람들이 하는 말처럼 가진 게 없어 잃을 것도 없다는 것처럼 아무것도 없다고 환경과 신세 탓을 하기 보다는 그래서 더 많은 행운이 주어질수 있음을 생각한다면 오늘부터 새로운 느낌으로 행운을 볼 수 있는 눈이 생길 것이다. 아무것도 가진 것이 없다는 것은 무엇이든 새롭게 시작을 할 수 있고 무엇이든 이룰 수 있다는 것이다. 그러므로 남들이 채워 놓은 그림의 여백을 찾아 채워가는, 그래서 퍼즐 맞추듯 힘들게 다른 부분들과 어울리는 그림을 그리는 것보다 자기 자신만의 그림을 백지 위에 채워 나갈 수 있어 더 성취할 성공이 클 것이다. 백지위에 더 많은 공간에 당신만의 그림을 그릴 수 있는 행운이 주어진 것이니 당신의 주변 환경에 너무 연연해 하지 않길 바란다. 영국 성공회의 대주교였던 윌리엄 템플도 "기도를 하면 우연한 행운들이 일어난다. 그러나 기도하지 않으면 그런 일이 생기지 않는다."라고 하였다. 행운은 그냥 우연히 찾아오는 것처럼 알고 있지만 그 행운마저도 기도를 하여야 찾아온다는 것이다. 무엇이든지 스스로 찾아야 하고 본인이 행동하지 않으면 행운마저도 찾아오지 않는다는 것이다. 그러므로 진정으로 원하는 것이 있다면 본인 스스로 계획하고 행동하여 행운을 만들어 가야 한다는 것이다.

"명성에 빛나는 지도자들의 행위를 자세히 검토하면 그들이 운명으로부터 받은 것이라곤 행운 밖에 없었다는 것을 알게 될 것이다. 그리고 그 행운라는 것도 그들에게는 재료로 제공되었을 뿐이며, 그 재료조차도 그들은 자기네 생각에 따라 요리했던 것이다."

마키아벨리의 '군주론'에 나오는 말이다. 이 말은 행운은 자기가 원하는 대로 만들어서 이용한다는 것이다. 현명한 사람은 자기 자신의 주인이 된다. 그래서 자기 자신을 원하는 대로 이끌어 나간다. 하지만 어리석은 사람은 자기 자신의 노예가 되어, 본인이 몸을 다스리는 것이 아니라 외부에 환경의 영향을 받아 움직이게 되는 것이다. 자기 마음과 몸의 주인이 되어 움직일 있다면 어떤 상황에서도 상처 받지 않고 자신을 지배할 수 있을 것이다. 자신의 몸과 마음의 주인이 되어 아직 행운을 얻지 못했다면 그 만큼 많은 행운이 당신 앞에 아직 있다. 진정으로 자신의 성공을 이루기를 원한다면, 이룰 수 있다는 믿음을 가지고 성공을 이룬 사람처럼 행동한다면 성공의 행운을 만들 수 있다. 눈에 보이지 않지만 당신의 성공을 믿고 그렇게 행동하여 보아라. 200년 전에 살고 간 일본의 미즈노 남보쿠라는 전설적인 운명학자는 "누구의 운명이든 고정된 것이 아니라 자신의 수련과 절제를 통하여 자신의 운명을 스스로 극복하고 고쳐 나갈 수 있다"고 말했다. 그는 아무리 타고난 운세가 좋고 자질이 좋아도 스스로 절제하고 관리하지 못하면 실패의 나락으로 떨어질 것이고 운세가 나빠도 자신에 대해 철저하게 관리하고 통제하면 결국 성공의 길로 들어선다고 하였다. 꿈과 성공은 아무나 이루는 것이 아니라는 것이다. 자신의 생각과 말과 행동을 스스로 창조하고 변화를 시도하면 되는 것이다. 이처럼 자기 인생에 주인이 되어 관리하고 주도하면서 선택하고, 책임자가 되는 것이 행운의 주인이 될 수 있는 것이다.

2 욕망을 가져라

　진정으로 간절히 원하면 우리는 원하는 것을 얻게 되는 경우가 있다. 이것은 우리의 선인들이 말하는 것처럼 보이지 않는 에너지가 그것을 끌어 오는 것이다. 행운이 없다는 부정적인 생각보다는 반드시 행운이 있다는 미래보다는 현실적인 암시로 행운을 만들 욕망을 가슴에 품어라. 당신 삶이라는 배의 선장은 당신이다. 어디로 가야하는지, 무엇을 향해 가는지, 무역선인지, 유람선인지, 잘 파악하고 나아가야 한다. 목적이 있어야만 나아갈 방향이 분명해지기 때문이다. 그리고 목적을 성공으로 연결시키기 위해서는 열렬한 욕망이 있어야 한다. 그러므로 우선 목적을 정하고 당신의 삶을 어느 방향으로 향해야 할지 열심히 나아가야 한다는 것이다.

　성공한 사람들의 공통점은 그들이 원하는 것을 마음속으로부터 강렬하게 갈구 했다는 것이다. 강렬하게 갈구하는 욕망은 소크라테스가 제자에게 알려준 일화에서 알 수 있다.

소크라테스의 한 제자가 하루는 "선생님 저는 지식을 얻기를 원합니다." 라고 말했다. 그러자 소크라테스는 "나를 따라오게" 하며 제자를 바닷가로 데리고 갔다. 그리고는 제자의 머리를 물속에 처박았다. 제자는 숨이 막혀 결사적으로 머리를 빼내려고 했다. 소크라테스는 제자를 물위로 끌어올리면서 "자네가 물속에 있는 동안 무엇을 원했는가?" 하고 물었다. 사색이 된 제자는 "공기를 마시고 싶었습니다." 라고 대답했다.

"자네가 있는 힘을 다해 공기를 마시기를 원했듯이 지식을 갈망한다면 꼭 얻을 수 있네" 라고 소크라테스는 말했다. 이것보다 더 공기를 갈망할 수 있겠는가? 여기 또 미국의 자동차 왕 헨리포드가 현재 V-8로 알려진 유명한 자동차를 개발할 때 이야기도 진정으로 원하여 원하는 것을 이루어 낸 일화이다.

헨리포드는 연구팀에 8개의 실린더를 모두 한 틀에 넣어 만든 자동차를 생산하도록 지시했다. 연구팀은 모두 8개의 실린더로 된 가스사용 엔진 덩어리를 한 틀에 넣어 만드는 것은 불가능하다고 말했다.

그러자 포드는 "어쨌든 그것을 만드시오"라고 지시했다.

하지만 연구원들은 그것이 불가능하다고 대답했다. 포드는 다시 "돌아가서 연구하시오 아무리 시간이 많이 걸리더라도 성공할 때까지 계속 연구를 하시오"라고 명령했다.

연구원들은 제각기 연구소로 돌아갔다. 그들이 포드사의 직원으로 남아 있으려면 연구를 계속하는 것 이외에는 다른 방법이 없었다. 6개월이 지나도 연구는 전혀 진전이 없었다. 노력하면 노력할수록 V-8엔진은 불가능해 보였다.

연말이 되자 포드가 연구 상황을 물었다. 연구원들은 도저히 V-8엔진은 불가능하다고 말 할 뿐이었다.

"계속 노력해 보시오. 나는 그것이 꼭 필요합니다."라고 포드는 말했다.

그런데 그 일은 어떻게 되었는가? 결국 포드사의 연구진은 V-8엔진을 개발하였던 것이다. V-8엔진을 장착한 차는 달리는 차 중에서 가장 멋진 차가 되었을 뿐만 아니라 경쟁차들을 모두 다 물리치는 계기가 되었다.

당신이 이루고자 강하게 갈구하고 시도하고 죽을 힘을 다해 도전한다면 반드시 당신이 원하는 것을 얻을 수 있다. 당신이 목표를 달성하겠다는 강한 욕망을 가지고 도전하면 행운은 분명 찾아오는 것이다.

건국대 유태영 교수는 외국에 나가 공부를 하겠다는 강렬한 욕망을 가지고 있었다. 그러나 시골에서 머슴살이를 했던 그는 아르바이트를 하면서 간신히 건국대학교 농대에 들어갔다. 그는 선진 농업국인 덴마크에서 공부를 하겠다는 강렬한 욕망을 갖고 꿈을 꾸었다.

어느 날 그는 덴마크 왕에게 덴마크에 가서 공부를 하고 싶다며 장학금을 요청하는 편지를 보냈다. 유 교수의 편지를 받아본 덴마크

왕은 장학금을 줄테니 와서 공부를 하라는 회신을 보냈으나 덴마크에 갈 차비조차 없었던 그는 다시 편지를 썼다.

덴마크 국왕은 비행기표를 보내주었고, 덴마크에 도착한 유 교수는 공부하겠다는 강한 소망을 갖고 매일 덴마크 어를 열 마디씩 익혔다.

하루도 거르지 않고 어렵게 3개월간을 하니 의사소통이 가능하게 되었고 6개월 정도 지나자 수업을 받을 수 있게 되었다. 그는 이스라엘의 히브리대에 가서 공부할 때에도 똑같은 방식으로 하루도 거르지 않고 히브리 어를 매일 열 마디씩 외웠다.

유 교수의 꿈은 그가 공부해야겠다는 강한 욕망을 가지고 있는 순간부터 이미 이루어졌던 것이다.

오늘부터 당신의 꿈이 무엇인지 목표를 세우고 진정 그 목표를 이루겠다는 강한 욕망을 당신 가슴에 불태워라. 그러면 행운은 당신 두 손에 올려져 있을 것이다.

3 자신의 재능을 극복하라

당신의 재능은 무엇인가? 남들보다 탁월한 재능이 있는 사람이 있을 것이고 남보다 뛰어나지는 않지만 나에게는 그것이 타고난 재능이라고 말 하는 사람이 있을 것이다. 그렇다면 남들보다 탁월한 능력이 있어 그 능력이 성공의 행운을 제공하겠지만 그렇지 못한 당신이라면 부족한 재능에 남들보다 많은 시간을 투자해야 할 것이다. 성공목표가 작다면 작은 시간의 투자와 별다른 노력 없이도 그 성공으로 가는 길이 쉽게 갈 수 있겠지만 그렇지 않고 성공목표가 원대하고 높다면 당신은 성공을 위해 남들보다 많은 시간을 투자하고 노력하겨야 할 것이다.

남들보다 능력이 뛰어나지 못하다면 지금부터 그 능력을 남들보다 뛰어난 능력으로 만들어야 할 것이다. 진정한 성공은 자신의 단점을 극복하여 장점보다 뛰어난 능력으로 만들어 사용하는 것이다. 그러기 위해서는 계획적으로 자신의 능력을 키워 나가야 한다. 어느 날 갑자기 생기는 능력은 어느 곳에도 없다. 꾸준한 노력과 성실하게, 체계적으로 실천하여야 한다는 것이다. 일을 하면서 재능이 없어서 힘이 든다면 그 일을 포기하기 전에 지금 행하던 노력의 2배, 3배로 더 노력을 해야 한다. 재능은 타고난 것일 수 있지만 열정은 스스로 만들어 불씨를 가슴에 지피고 장작불로 활활 타오르게 만들 수 있다. 열정은 불가능을 가능으로 만드는 정답이다. 열정을 가지고 열심히 하면 성공은 내 것이 되는 것이다.

맥도널드의 창립자 레이크룩은 "세상에 인내 없이 이룰 수 있는 일은 아무것도 없다. 성공은 재능만 갖고는 이룰 수 없다. 위대한 재능이 있어도 성공하지 못한 사람은 많다. 성공은 천재성만으로도 이루기 힘들다. 성공하지 못한 천재는 웃음거리만 될 뿐이다. 세상은 교육받은 낙오자로 가득 차 있다.", "오직 인내와 결단력만이 성공을 이룰 수 있다." 명문대를 나온 것도 아니고 뛰어난 천재성도 없고 재능도 없었지만 그는 최선을 다해 맥도널드를 만들었다. 진정으로 열심히 노력한 것이다.

세계적인 농구 선수 마이클 조던은 연습장을 가장 먼저 찾아 가장 마지막까지 남아 연습을 하는 선수였다. 조던의 코치는 조던에 대해 이렇게 말했다. "조던은 별세계에서 온 사람이 아니다. 매일 연습한다는 자신과의 약속을 스스로 지켰을 뿐이다."라고 이야기 했다. 세계 최고의 농구선수도 처음부터 재능만으로 이루어진 것이 아니다 피나는 노력과 연습이 오늘날의 조던을 만들어 놓은 것이다. 평범하다는 것 그것은 당신이 무엇도 이룰 수 없는 것이 아니라 그래서 무엇이든 도전할 수 있는 당신만의 재능이라는 것을 기억하라. 당신 속에 자신조차 알지 못하는 재능이 숨어 있다. 그것을 찾아내는 것이다. 그리고 도전하면 남들보다 3배의 노력을 하라. 진정한 성공은 좋아하는 일을 하는 것이 아니라 하는 일을 좋아하는 것이라고 했다. 당신이 하는 일에서 두각을 나타내기 위해 진정 최선을 다하고 열정을 쏟아 부으면서 그 일을 사랑 하여라. 그래서 당신의 평범하다고 생각한 재능이 빙산의 일각 이였음을 확인하라.

노력보다 더 좋은 재능을 만드는 것은 없다. 뛰어난 재능을 가져 무한질주를 한다고 해서 그 삶이 성공한 삶은 아니다. 인생은 마라톤이라고 했다. 속도가 아니다. 빨리 가서 기다린다고 해서 남은 인생이 성공했다는 보장은 없다. 조금 더디 간다고 해도 속도보다는 당신은 열심히 당신이 가야할 방향을 향해서 나아가라. 그럼 당신도 어느 성공한 사람들의 이야기처럼 그런 당신만의 이야기를 만들어 가는 것이다.

4 미래를 즉시하라

　시대의 변화를 읽을 수 있는 사람만이 성공한다. 곧 시대의 변화를 꿰뚫어 보는 사람이 행운을 잡는 것이다. 지금 하는 일이 잘된다고 그 일에만 매달리고 주변의 흐름을 파악하지 못한다면, 지금 당장은 눈앞에 이익이 크다고 그 것만 바라보고 다음 단계를 보지 못한다면, 머지않아 그 이익은 끝날 것이다. 시대의 흐름을 읽고 그 시대의 변화에 발맞추어 나갈 수 있어야 한다. 앞서가는 사람들은 항상 취할 때와 버릴 때를 알지만 남의 뒤만 쫓는 사람들은 항상 허둥대면서 성공한 사람들을 쫓아간다. 하지만 그렇게 해서는 언제나 겨우 라는 말로 살아가는 인생으로 표현할 수밖에 없다. 그러면서 성공한 사람들의 뒤처리를 하면서 살아가는 것이다. 미래의 트랜드를 즉시 할 수 있는 방법은 정답이 없다. 우리가 살아가고 있는 지금은 다문화 사회이다. 모든 것을 다 파악한다는 것은 현실적으로 불가능하다. 그러므로 오랜 경험과 경력으로 그리고 많은 선구자들의 이야기에 귀 기울이면서 다른 사람들의 경험을 내 것으로 만들어야 하는 것이다. 많은 독서를 하고 정보 수집도 하여야 한다. 준비하지 않고 맨 손으로 행운을 잡을 수는 없다. 현재 우리는 정보화 사회에 살고 있다. 이런 정보화 사회를 살아가기 위해서는 개미형이 아닌 거미형으로 살아가라고 충고한다. 산업사회에서는 근면과 성실을 상징하는 개미가 표준형 인간 이였지만 정보사회에서는 거미가 모델이라고 한다. 곳곳에 정보의 그물을 쳐두고 여유 있게 기다리라는 것이다. 하지만 정보화 사회에서도 근면과 성실은 요구된다. 그러므로 근면과 성실을 바탕으로 정보인맥을 구축한다면 시대의 흐름을 읽어낼 수 있고 미래를 준비할 수 있다. 이것은 오늘 최선을 다하는 것은 기본이고 내일 무엇을 할 것인지 계획되어 있어야 한다.

미래는 아직 일어나지 않은 시간이기 때문에 지금까지 해 왔던 과거와 현재를 잘 분석하고 나아갈 방향을 결정해야한다. 10년 뒤의 모습을 상상을 하는 것이 아니라 10년 뒤의 되어 있는 모습처럼 행동해 보라! 시점을 바꾸어서 생각을 해보면 또 다른 행운이 눈앞에 있는 것이다. 지금 현실에서 10년 뒤의 모습을 생각하고, 열심히 노력하는 것도 좋지만 시점을 바꾸어 10년 뒤의 되고 싶었든 모습을 미리 그렇게 된 것처럼 행동하면, 현실에서 해야 할 일들이 보일 것이다. 행운이란 누구에게나 공평하게 주어진다고 생각한다. 누가 이 행운을 잡기 위해 노력하는지 행운을 보기 위해 집중하는지가 행운을 만든다. 그냥 그렇게 매일 매일을 살아가는 것과 뚜렷한 미래에 대한 자신의 정체성을 가지고 있는 사람, 이들은 분명 지금 하는 일은 똑같겠지만 1년 뒤의 모습부터 달라질 것이다. 10년 뒤까지 추측하지 않아도 많이 다른 길을 달리고 있을 것이다. 미래에 대해 청사진이 뚜렷한 사람은 분명 노력하는 과정에서 행운이 보일 것이고, 그 행운을 잘 활용할 것이다.

아무리 열심히 해도 행운이 없다고 투덜거리는 사람들을 살펴보면 하루하루 살기에 급급하다. 경제적으로 힘들어서 하루하루 살기도 급급하다고 이야기 할 수도 있겠지만 희망을 가지고 미래를 설계하면서 사는 사람들과 다르게 매일 매일 신세 한탄을 하면서 오늘 하루만 잘 넘기면 된다는 식으로 살아간다면 과연 행운이 보이겠는가? 오늘부터 내일을 기대하라! 10년 뒤를 상상하고, 이미지 트레이닝을 하면서 그 10년 뒤의 모습으로 가기 위해서 5년 뒤의 모습을, 그리고 그 5년 뒤의 모습을 위해서 1년 뒤에는 무엇을 해야 할지 고민하라. 그 1년 뒤에 할 일을 위해서 내일 무엇을 할지 고민하라. 그리고 오늘에 집중하고 최선을 다하라. 그러면 당신에게 행운란 이름으로 내일 할 일이 1년 뒤의 당신 모습이 그려질 것이다.

명확하고 뚜렷하게 그리고 정확하게 세분화해서 계획을 세운다면 한 단계 한 단계 나아갈 때 마다 다른 사람들이 보지 못하는 행운이 당신과 동행을 할 것이다.

5 사고방식을 전환하라

　사람들은 나이를 먹을수록 고정관념에 사로잡혀 사는 경우가 많다. 고정관념이란 사전상의 의미를 살펴보면 고착관념(固着觀念, fixed idea)이라고 나와 있으며 그 뜻을 살펴보면 '본인의 의도와 상관없이 의식이나 표상(表象)이 거듭 떠올라 그 사람의 정신생활을 지배하고 행동에까지 영향을 미치는 관념을 말하는 심리학 용어로, 고정관념이라고도 한다. 강박관념과 더불어 강박신경증의 징후인 경우도 있으나 반드시 병적인 것만이 아니라 정상적인 관념일 수도 있다. 요약해 보면 본의가 아님에도 마음이 어떤 대상에 쏠려 끊임없이 의식을 지배하며, 모든 행동에까지 영향을 끼치는 것과 같은 관념'이다.

　고정관념은 가능한 것도 불가능하게 만든다는 말이 있다.

이 고정관념에서 벗어나야만 21세기를 선두 하는 자리를 차지할 수 있다. 일을 하는데 있어서 우리는 모든 가능성을 열어 두고 진행해야 하는데, 그 속에는 항상 고정관념이 있어 일의 진행을 방해하고 때로는 포기하게 만든다. 그러므로 성공으로 가는 길에 행운을 만나기 위해서는 당신의 고정관념이 무엇인지 찾아내는 것이 가장 급선무이다. 고정관념은 앞에 사전상의 의미도 설명을 했지만 논리적 사고가 아니라 본인의 의지와는 상관없는 습관적인 사고이다. 하지만 고정관념이 다 나쁜 사고는 아니다. 이 습관적 사고가 잘못되었을 때에 나쁜 사고로 신중하게 검토를 해 보아야 한다. 그리고 고정관념을 버리라고 하면 일반적으로 자신의 잘못된 행동을 고치려고 하는데 이것은 고정관념이란 잘못된 사고로서 행동이 아니기 때문에 행동은 고칠 수 있어도 잘못된 사고는 또 다른 잘못된 행동을 유발 시킨다. 그러므로 잘못된 행동을 수정하기 전에 잘못된 사고를 고치고 전환해야 한다. 유아에게는 고정관념이 없다. 하지만 부모를 보고 선생님을 보면서 고정관념이라는 것이 뿌리를 내리기 시작하는 것이다.

남자가 할 일, 여자가 할 일을 정하면서 남자아이가 가지고 노는 장난감, 여자아이들이 가지고 노는 장난감이 정해진다. 읽어야 할 책도 여자 아이들은 공주님이야기로 장식이 된 책을 보고 남자 아이들은 공룡, 타는 것에 관한 것, 동물에 관한 것 등등 말이다. 어쩌면 지금 이렇게 이야기를 하고 있는 이것 자체가 고정관념이지 않을까 싶다. 고정관념에서 벗어나기만 하여도 우리는 당장 생활에서 많은 자유를 누릴 것이다. 그렇다면 당신이 고정관념에서 벗어나기 위해서는 어떻게 해야 할까?

첫째는 지금까지 본 것을 버리고 다시 보라.

우리는 한 가지 사물을 바라보면 이미 기존에 그 사물에 대한 고정관념이 있어 깊이 생각하지 않고 평소에 바라보던 그 눈으로 바라보게 된다. 투명한 유리잔에 채워진 검정색 액체를 바라보게 되면 우리는 무엇을 떠 올리나? 콜라! 커피! 하지만 유리잔에 채워진 것은 콜라가 아닐 수 있다. 그 잔에는 간장이 채워져 있을 수도 있고 수정과가 가득 채워진 잔일 수도 있고 아이들의 포도쥬스가 가득 채워진 잔일 수도 있다. 곧 일상에서 봐 왔던 것에 대해 벗어나 지금까지의 고정관념으로 바라보지 말고 진지하게 한번 생각을 해보고 대하기 바란다.

둘째, 입장을 바꾸어 생각하라.

우리는 항상 자기의 입장에서 생각하고 말하고 행동한다. 하지만 상대방의 입장에서 생각을 해보게 되면 말 뿐만 아니라 행동도 달라지게 되어 있다. 이것은 당신이 하는 일에서 정말 많은 행운을 만들어 주는 것이 될 것이다. 누군가 나를 이해해 주고 내 입장에서 이야기를 해준다면 당신 또한 그 사람을 이해하려고 노력할 것이고 그 사람 입장에서 이야기 하고 말하려고 할테니 오늘 당장 실천해보길 바란다.

셋째, 아이가 되어라.

주위에 아이가 놀고 있다면 그 아이를 유심히 살펴보라. 되도록 어린 아이가 좋을 것이다.

부모의 고정관념이 아이를 물들이지 않았을 테니 말이다. 아이들과 이야기를 해보면 무한한 그들의 상상력과 가끔 때론 허무맹랑하다는 이야기가 절로 나올 법한 많은 이야기를 한다.

지인의 5살 된 딸아이가 시골에서 올챙이를 잡아 키우면서 올챙이를 그려 놓고 큰 올챙이는 엄마 올챙이고 작은 올챙이는 자기라고 해서 엄마 올챙이는 없고 올챙이의 엄마는 개구리라고 알려 주었다. 그러자 바로 아이는 개구리를 그렸다. 그런데 꼬리가 있는 개구리였다. 얼마 전에도 자연관찰 책에서 분명 개구리를 보았는데 말이다. 그래서 아이에게 개구리는 꼬리가 없다고 알려 주었다. 그런데 아이는 단1초의 망설임도 생각도 없이 대답을 했다.

"새로운 개구리예요." 왜 항상 개구리는 꼬리가 없어야 한다는 생각을 했는지 지인의 고정관념을 생각해 보았던 시간이었다고 한다. 그들의 순수함에는 고정관념이 없기 때문에 불가능이란 말을 모른다. 불가능이 무엇인지 모르는 아이들의 입장에서는 무엇이든 가능하고 무엇이든 원하는 것은 다 된다. 얼마 전에 7살된 아이가 장난감을 사 달라고 떼를 쓰면서 돈이 없다는 엄마의 말에 "그럼 국민은행 가서 찾으면 되잖아."라고 이야기를 해 엄마를 어이없게 하는 것을 보았다. 돈이 있고 없음에 대해서 어른들이 생각하는 것과는 분명 다른 시각이다. 때론 황당하기도 하겠지만 머릿속의 많은 생각을 지우고 아이가 되어 창의력의 씨앗을 찾아내는 것도 사고를 전환시키는 데 큰 도움이 될 것이다.

넷째는 반대로 생각하라.

지금 하는 생각이 있다면 그것에 반대되는 생각은 무엇인지 의식적으로 생각을 해보라.

매일 아침 눈 뜨고 제일 먼저 해야 하는 일이 무엇인가? 평소 일어나면서 제일 먼저 하는 일에 반대되는 일은 무슨 일인지 해보아라. 그 속에서 당신의 새로운 것을 느끼고 찾게 될것이다. 아날로그 시대에는 정해진 시간 순서가 중요했지만 디지털 시대를 살아가는 우리에게는 정해진 순서는 별 의미가 없다. 한 번에 한 가지가 아니라 한 번에 여러 가지 일을 할 수 있고 달나라에 사는 토끼를 만나러 갈 수 있는 시대에 살고 있는 것을 잊지 마라.

틀을 깨고 사고의 폭을 무한대를 넓힌다면 당신이 바라는 보고 느낄 수 있는 것은 360도 어느 방향으로든 볼 수 있는 것이다. 네모난 틀이 가두어 두면 네모난 모양이 나오고 세모난 틀에 가두면 세모난 모양의 결과가 나온다. 그러므로 모양이란 것을 만들어 담으려고 하지 말라. 지금 생각나는 모양을 바로 글로 적어보고 말로 뱉어보고 행동으로 옮겨라.

6 도움을 구하라

독불장군은 없다고 한다. 세상을 살아가면서 혼자 할 수 있는 것은 없다. 다른 사람들과 상호작용을 하면서 살아가는 것이다. 그러면서 그 속에서 성공도 하고 실패도 경험하는 것이다. 크게 성공할 수 있는 행운을 얻고 싶다면 당신 주위의 인적 네트웍을 확실하게 만들어야 한다. 혼자서 가는 길은 빨리 갈 수 있지만 멀리 가지 못한다고 한다 하지만 여럿이 함께 간다면 빨리 가지는 못하지만 멀리 간다고 한다.

당신의 성공을 위해서 당신이 가장 중요하게 해야 할 일은 거미줄 같은 인적 네트웍을 만들어야 한다는 것이다. 어디를 가든 어느 곳에서든 당신이 무엇을 하든 언제 어느 곳에서든 당신을 지지 할 수 있는 힘을 만들어야 하는 것이다. 당신이 각계각층의 다양한 사람들과 모임을 만들고 그들에게 당신의 존재를 각인시켜 둔다면 그들은 당신에게 엄청난 힘을 실어 줄 것이다. 사람경영과 관련된 최고의 책으로 '논어(論語)'를 꼽을 수 있다. 논어에서 말하는 사람경영의 핵심 원칙을 보면 다음과 같다.

첫째, '내가 하고 싶지 않은 일을 남에게 시키지 마라.'

둘째, '남이 나를 알아주지 않는다고 걱정하지 마라.'

그보다 먼저 내가 남을 알아주지 않음을 근심하라.'

셋째, '잘못을 알았으면 고치는데 주저하지 마라.'

잘못을 알고도 고치지 않는 것, 그것이 잘못이다.'

넷째, '자신과 다른 이단을 공격하는 것은 자신에게 해가 될 뿐이다.'

다섯, '군자는 모든 책임을 자기에게서 찾는다. 그러나 소인은 모든 책임을 남에게 돌린다.'

여섯, '군자는 모든 사람과 화합을 이루나 패거리는 만들지 않는다. 그러나 소인은 패거리를 만들고 남과 화합 할 줄 모른다.' 그리고 공자를 계승한 맹자는 신하들의 충성을 얻는 방법을 말하면서 신하들의 충성은 주군이 얼마나 신하를 먼저 예우하느냐에 달려있다고 했다.

주군이 먼저 신하에게 마음을 주었을 때 신하들은 목숨을 걸고 충성한다는 것이다. 맹자는 신하의 충성을 어떻게 얻어낼 수 있느냐는 제(齊)나라 군주 선왕(宣王)의 질문에 이렇게 답한다.

"임금이 신하 보기를 자신의 수족처럼 여긴다면, 신하는 임금 보기를 자신의 배와 심장처럼 소중히 여길 것입니다.

그러나 임금이 신하 보기를 개나 말처럼 생각하여 그저 월급이나 주면 된다고 하면, 신하는 임금을 그저 나라의 일반 동네 사람처럼 생각할 것입니다.

나아가 임금이 신하 보기를 흙이나 지푸라기처럼 하찮게 여긴다면, 신하는 임금을 원수처럼 생각할 것입니다." 이렇듯 고전에서도 보듯이 사람경영에 있어서 먼저 자신들이 베풀었다. 고전에서까지 찾지 않더라도 군중의 힘을 가장 잘 이용한 사람 중에 한명을 꼽아보면 전직 대통령 중 박정희대통령을 떠올릴 수 있을 것이다. 우리나라의 힘든 시기에 박정희 대통령은 우리라는 말을 항상 사용해 나만 잘 사는 것이 아니라 우리가 잘 살아 보자고 하면서 새마을 운동을 전개해 전국민을 하나로 만들어 대한민국을 발전의 고속도로 위에 올려 놓았다. 이렇게 사람을 하나로 묶을 수 있는 '나'가 아니라 '우리'로 결속시켜 혼자서 할 때는 10이라는 에너지를 만든다면 100명의 우리가 모이면 1,000이 아니라 10,000이라는 에너지를 만들어 내는 것이다. 이런 군중의 힘을 이용한다면 당신은 이루려고 하는 목표에 몇 배의 시너지를 얻어 낼 수 있을 것이다. 그렇다면 군중의 힘을 어떻게 한곳으로 집중 시킬 수 있을까?

첫째는 모두에게 이익이 될 수 있다는 것을 인식시켜야 한다. 다수의 사람이 하나가 되어 움직일 수 있는 힘은 모두가 자기들에게 이익이 되어야 움직인다. 그러므로 나의 이익이 곧 그들의 이익임을 각인시켜야 한다.

그리고 두 번째는 같은 신념을 가졌다는 것을 알려주는 것이다. 2002년 월드컵 때 대한민국을 하나로 모은 힘. 대한민국을 하나로 모아 4강으로 진출하게 만든 것. 그리고 그보다 더 앞서 IMF때 금모으기운동으로 하나 되어 세계 각국에 대한민국 국민의 힘을 보여 주었던 힘. 이 모든 것은 우리가 하나의 신념으로 뭉쳐 이익보다 앞선 이념의 힘을 보여 주었다.

그리고 요즘은 인터넷에서 네티즌들의 막강한 파워를 자랑하는 누리꾼들이 막강한 소비자로 자리매김했다. 이제 이런 똑똑한 대중, 군중을 하나로 모아 성공의 행운을 발판 삼을 수 있는 자리에 서야 한다.

세 번째는 같은 비전을 공유하는 것이다. 미래의 지향 목표가 같다는 것은 그 목표를 향해 달려가는, 각도는 조금씩 다르겠지만 서로 손잡고 발맞추어 나갈 수 있는 믿음을 주는 것이다.

서로에게 이익이 되고 같은 비전을 공유하고 신념이 같다면 그 어떤 군중보다 강력한 군중을 당신에게 집중 시키는 것이다.

7 실수를 이용하라

사람은 살아가면서 누구나 실수를 하고, 그 실수를 발판으로 다시 실수 하지 않으려고 노력하면서 앞으로 나아간다. 실수는 누구나 할 수 있는 것이지만 실수를 핑계로 포기해서는 안된다. 실수에서 배우면서 발전하고 자신의 단점도 깨우쳐 나아가는 것이다. 성공과 실패의 백지장 같은 차이는 실수를 발판 삼아 행운을 만들어 낼 수 있는지 아니면, 실망하고 좌절하고 절망하면서 고통으로 느껴 포기한다면 그것은 실패가 되는 것이다. 잘못이 없는 사람은 하나도 없다. 세익스피어는 "오늘 저지른 남의 잘못은 어제의 내 잘못이었던 것을 생각하라. 잘못이 없는 사람은 하나도 없다. 완전하지 못한 것이 사람이라는 점을 항상 생각해야 하는 것이다."라고 하며 관용에 대한 가르침을 주었다.

우리는 언제나 정의를 받들어야 하지만, 정의만으로 재판을 한다면 우리들 중에 단 한 사람도 구원을 받지 못할 것이다. 라고 하였다. 이렇게 사람이기 때문에 실수를 하는 것이다. 실수나 잘못이 문제가 아니라 과거에 자신의 잘못이 오늘을 만들었다고 그것에 얽매여, 앞으로 나아가지 못하고 과거에 집착하는 것이 문제이다. 그리고 또한 자신이 무엇을 잘못했는지 알지 못하고 계속 살아간다면 그것보다 큰 문제는 없을 것이다. 잘못을 알고 인정하고 잘못된 부분을 고쳐 나가기 위해 노력한다면 이미 많은 것을 배우고 이해 받을 수 있을 것이다. 성공을 보장 할 수 있는 것이 아무것도 없다고 해서 한번 두 번의 실수가 포기와 연결되어서는 안 된다. 자신의 잘못을 다시 되풀이 하지 않도록 점검하고, 그 잘못은 과거의 시간과 함께 날려보내야 한다. 그리고 자신의 잘못된 실수가 도전할 수 있는 행운을 만들어 주면서 다시 실수 하지 않을 방향을 제시해 주는 것으로 만들면 된다.

자신의 잘못에 대해서, 일이 진행되지 못하는 것에 대한 변명으로, 행동하지 않고 방관자로 안주 해 버린다면 더 이상의 행운은 당신에게 오지 않을 것이다. 명나라 때의 한 선비가 한 말 중에 "잘못을 범하지 않는 것이 고귀한 것이 아니라, 잘못을 능히 고치는 것이 고귀한 것이다." 부귀어무과, 이귀어능개과(不貴於無過, 而貴於能改過 - 王守仁).라고 하였다. 사람들은 자신의 잘못을 잘 보지 못한다. 이즈 테일러는 "자기의 잘못을 인정하는 것만큼이나 어려운 것은 없다."라고 말했다. 그만큼 자신의 잘못을 인정하는 것은 쉬운 일이 아니라는 의미이다. 그러므로 우리는 잘못을 인정하고 다시 똑같은 잘못을 하는 실수를 범하지 않으려고 노력하면 되는 것이다. 잘못을 하고 잘못을 인정하지 않는 것보다 큰 잘못은 없다. 선인들은 모두 사람이라면 누구나 잘못을 할 수 있다고 하였다. 잘못을 하고 나서의 행동이 그 사람을 사회에서 서 있는 위치를 바꾸어 주는 것이다.

그러므로 잘못을 감추려고 하지 말고 드러내고 고쳐나가면서 다시 같은 잘못을 하지 않는다면 반상하는 자세가 성공의 길로 가는 행운을 만들어 줄 것이다. 누군가 할 수 있다면 당신도 할 수 있다. 어떤 것도 너무 늦은 것은 없으며 시작이 반이라는 말이 있다. 당신이 나아가는 길에 실패를 했다고 해도 그것 또한 성공의 일부로 진행되어 나아가는 것이다. 성공자는 태어나지 않고 만들어지는 것이다. 실수와 실패의 흔적이 중요한 것이 아니라 그 실수와 실패의 흔적위에 당신이 만들어내는 성공의 그림이 중요하다. 당신의 잘못은 순간이다. 그 순간을 어떻게 극복해 내는지를 세상의 사람들은 지켜본다는 것을 명심하라.

8 상상력을 높여라

천재 과학자 아인슈타인은 "상상력이 지식보다 중요하다."라고 했다. 상상력의 사전상의 의미는 '과거의 경험으로 얻어진 심상(心像)을 새로운 형태로 재구성하는 정신작용.' 이라고 한다.

상상의 종류로는 첫째, 수동적 혹은 현실 도피적 상상으로 백일몽(白日夢)이 있다. 소아마비인 사람이 천하장사를 꿈꾼다든가, 자기는 고귀한 사람의 사생아(私生兒)라고 생각한다든가 하는 것을 백일몽이라고 한다. 두 번째로 상징적 상상(象徵的想像)이 있다. 아이들이 막대기에 올라타고 말을 탄 것처럼 여기거나, 둥글게 붙잡아 맨 '새끼줄 안에 들어가서 기차를 탔다고 생각하는 것 등이 그것이다. 세 번째는 목적적 상상이 있다. 예를 들면, 토기를 만드는 사람이 완성된 질그릇을 상상하면서 소재(素材)를 가지고 토기를 만들어가는 것이다.

P. 자네는 이것을 '토기의 행위'라고 불렀다. 네 번째는 생산적 상상이다. 이것은 예술·과학·발명과 같은 새로운 문제를 해결하기 위하여 과거의 경험을 재구성하여 새로운 것을 만들어내는 행위이다.

다양한 상상 중에서도 우리가 더 나은 행운을 만들기 위해서는 위의 두 번째, 세 번째, 네 번째 상상력을 연구해야 할 것이다.

어린 시절 날아 다닐 수 있다면 얼마나 좋을까를 생각하면서 집에 있는 어머니의 보자기를 목에 매고 한번쯤은 언덕에서, 때론 높은 곳에서 상상을 실현하기 위해 뛰어 내려 보았을 것인데, 이것은 상징적으로 상상에 해당한다. 우리가 사전상의 의미를 생각하지 않고 알고 있는 상상력은 창의력과도 연관이 된다. 이런 백지 같은 상황에서 상상을 하고 그것을 실현하기 위해 노력을 한다면 분명 에디슨의 전구처럼 당신에게 전 인류에 도움을 줄 수 있는 행운을 만들 것이다. 그리고 자기 암기는 앞으로 당신이 하는 일에서 없어서는 안될 중요한 부분이다.

그리고 세 번째 목적적 상상력은 우리의 성공한 삶을 살고 있는 분들이 많이 실천하는 것이다.

그것은 바로 자기 암시다. 이미 성공한 모습을 매일 그리면서 일을 하다보면 몰랐던 중간과정 부분이 문제없이 해결되고 일이 진행된다는 것이다.

그리고 마지막 생산적 상상력은 백과사전에 나와 있는 의미 그대로의 상상이다. 과거의 경험을 재구성해서 새로운 것을 생산해 내는 것, 하지만 이것은 많은 경험과 풍부한 지식이 어느 정도 바탕이 되어 주어야 한다.

항상 스스로를 성공한 사람으로 생각하고 그렇게 이미지를 그리면서 성공한 사람이 된 것처럼 행동한다면 당신이 그 일을 해 나가는 데 있어 성공할 수 있는 행운들이 생겨 날 것이다. 하지만 이런 상상력은 실은 지능과 지식에서 비롯된다고 할 수 있다. 상상력이란 존재하지 않는 것들을 그리는 능력만이 아니다. 막연한 상상력은 상상이 아니라 망상이다.

허황된 망상은 우리의 정신과 신체를 나태하게 만드는 독버섯 같은 존재이다. 성공을 위해서는 구체적이고, 실현가능한 상상을 할 때만 그 상상은 이루어지는 것이다. 그러므로 상상력은 오히려 매우 현실적이며 실질적이지만, 개인의 경험과 지식의 범위를 벗어나는 것들에 대해 인지하고, 그런 과정을 통해서 경험하지 못한 세계를 인정하는 과정이라고 말할 수 있다.

그럼 이런 상상력을 키우기 위해서 당신이 해야 할 일은 무엇일까? 기본적으로 배움을 바탕으로 우선 당신의 꿈이 있어야 한다. 당신은 꿈꾸면서 실현 가능하든 불가능하든 많은 상상을 할 것이다. 그것이 실현 되었을 때 자신의 모습을 떠올리면서 자랑스러울 것이다. 그러므로 당신은 당장 하얀 백지 위에 수많은 당신의 꿈들을 적어 보아라. 그리고 많은 상상을 해 보아라 그 꿈이 실현 되었을 때를. 하지만 그것이 단순하게 당신이 보아왔던 성공한 사람들의 모습을 생각을 하라는 것이 아니라 상상을 하라는 것이다. 다른 사람의 모습이 아니라 당신만의 모습을 창의적으로 그려내는 것이다.

9 근면하라

부지런한 사람, 성실한 사람은 항상 더 많은 행운에 노출 되어 있다. 열심히 노력하고 남들보다 더 많은 노력을 투자하고 어려움이 닥쳐도 포기 하지않고 앞으로 꾸준히 나아갈 수 있는 정신력이 있으므로 이들은 하는 일에서 행운과 마주할 일이 많은 것이다.

우리의 옛이야기 에 어떤 부자가 섣달 그믐날 밤에 하인들을 불러 그 동안 열심히 일 해줘서 고맙다는 말과 함께 이렇게 말했다.

"내가 약속한 대로 자네들은 내일부터 하인의 몸을 벗고 자유로운 몸으로 살게나 그런데 한 가지 부탁이 있네. 오늘밤에 모두 새끼를 꼬아 주게나. 최대한 가늘고 길고 단단하게 꼬아주면 좋겠네. 이 일이 자네들이 이집에서 하는 마지막 일이니 모두 열심히 해 주게나" 하였다. 그러자 하인들은 마지막까지 부려 먹으려 한다며 불평하고 투덜대었다. 하지만 성실한 한 하인은 밤을 꼬박 새워 새끼줄을 정성스럽게 꼬았다.

날이 밝자 주인은 그들에게 꼰 새끼줄을 가져오라고 하였다. 성실한 하인은 밤을 새워 꼰 길고 단단한 질긴 새끼줄을, 다른 하인들은 굵고 짧은 새끼줄을 가져 왔다. 그러자 주인은 엽전 뭉치를 꺼내 놓고 자신들이 꼰 새끼줄에 그 엽전을 끼워 가라고 하였다. 결과는 어떠했겠는가? 성실한 하인은 새끼줄 가득 엽전을 끼워 갈 수 있었지만 다른 하인들은 몇 되지 않는 엽전을 끼워 갔다. 이렇듯 마지막까지 항상 최선을 다하면 반드시 그 댓가는 언젠가 나타난다. 그리고 이렇게 성실하고 근면하게 일하다 보면 자신이 하는 일에 무엇이 적절한지 무엇이 부족한지 잘 알게 된다.

성실한 사람들은 준비성도 뛰어나기 때문에 이들은 성공할 수 있는 행운이 언제 찾아오는지도 파악하고 있다. 행운은 자신이 노력한 만큼 만들어진다. 지금 당장은 하는 일이 힘들고 어려울지 모르지만 꾸준하게 노력한다면 그 댓가는 반드시 큰 행운으로 돌아 올 것이다. 프랭클린이 한 말 중에 "제 때에 한 바느질 한 번이 아홉땀을 절약해 준다"는 말이 있다. 프랭클린은 근면을 또 이렇게 이야기 했다. "근면은 시간을 허비하지 않는다. 항상 유익한 일을 할 것. 필요치 않은 행동은 잘라버릴 것. 부지런함은 모든 선의 근본이다."라고 말했다. 게으르면 어떤 행운도 오지 않고 행운이 왔다고 해도 행운을 잡지 못한다. 인도 격언에 "달리기보다 걷는 것이 좋고 걷는 것보다 서는 것이 좋고 서 있는 것보다 앉는 것이 좋고 앉는 것보다 눕는 것이 좋다"는 말이 있다. 이처럼 게으름이라는 것이 몸에 붙어 있으면 엉덩이는 점점 무겁게 만든다.

게으른 것은 자신을 정지 시키는 것이고, 점점 도태시켜 가는 것이다. 이렇듯 게으른 행동은 어떤 일에서도 성공과는 거리가 멀어지게 만든다. 반면 근면함으로서 제 때에 시기적절하게 하는 행동은 더 많은 일을 만들지 않고 시간의 절약과 에너지 절약을 비롯해서 경제적인 절약까지 가져 오는 것이다.

우리가 부지런히 하루에 3시간씩 걸으면 7년이면 지구를 한 바퀴 돈다고 한다. 그리고 항상 바쁘기만 하고 결과가 없는 사람들이 있는데 이들은 게으른 사람과는 분명 다르지만 그 속을 들여다보면 그들은 중요한 일, 꼭 해야 할 일이 우선이 아니라 당장 눈앞에 보이는 이익을 좇다보니 바쁘기만 하고 실속이 없다. 그러므로 당신은 중요하면서도 먼저 해결하는 일이 어떤일인지 순서를 정해서 부지런하게 움직여야 한다.

그러면서 무엇보다 시간을 소중하게 관리하고, 초스피드 시대에 살고 있는 당신에게 시간절약이 가져다주는 경제적인 비용이 얼마나 큰지를 느껴보면 근면이 얼마나 중요한지 알게 될 것이다. 누구에게나 공평하게 주어지는 행운이 당신 옆에 있다는 것을 알아차리고 활용하는 것은 온전히 당신 몫인 것이다.

참고 문헌

- **가토다이조(2004).** 격려 속에서 자란 아이가 자신감을 배운다. 열린책들
- **강명관(2010).** 조선풍속사 1. 푸른역사
- **강명관(2010).** 조선풍속사 2. 푸른역사
- **고승덕(2003).** 포기하지 않으면 불가능은 없다. 개미들출판사
- **김민기(2013).** 행운 사용법. 문학동네
- **김상훈(2007).** 네 꿈에 미쳐라. 미래를 소유한 사람들
- **김선현(2006).** 마음을 읽는 미술치료. 넥서스BOOKS
- **김영진(2003).** 심리학 역사 속에서의 상담이론. 교육과학사
- **김영환(1997).** 교양심리학. 중앙출판사
- **김정희(1993).** 심리학의 이해. 학지사
- **김종래(2005).** 칭기스칸(밀레니엄맨). 꿈엔들
- **김혜숙(2003). 가족치료 : 이론과 기법.** 학지사
- **마스노 순묘저. 부윤아역(2017).** 행운은 반드시 아침에 찾아온다(아침을 어떻게 여는가에 따라 당신의 운명이 바뀐다). 쌤앤파커스
- **마크 빅터 한센(2020).** 행운은 인연으로 온다 삶이 바뀌는 결정적 순간을 놓치지 않는 법. 흐름출판
- **로버트 라이시(Robert B. Reich) 저/박슬라. 안진환 역(2011).** 위기는 왜 반복되는가?. 김영사
- **리처드 파인만저/김희봉 역(2000).** 파인만씨. 농담도 잘 하시네요. 사이언스 북스
- **스티브 비덜프(1999).** 아이에게 행복을 주는 비결. 북하우스
- **스티븐 코비(1998).** 성공하는 사람들의 7가지 습관. 김영사
- **신숙재 이영미 한정원(2000).** 아동중심 놀이치료. 동서문화원
- **실리아 샌디스 외(2004).** 우리는 결코 실패하지 않는다. 한스미디어

- **신현균 김진숙(2000).** 주의력 결핍 및 과잉행동 장애. 학지사
- **양유성(2004).** 이야기치료. 학지사
- **윌리엄 제임스 지음. 정명진역(2018).** 심리학의 원리. 부글북스
- **유미숙(1997).** 놀이치료의 이론과 실제. 상조사
- **이장호(1995).** 상담면접의 기초. 중앙적성출판사
- **이장호(1999).** 정신분석적 상담 이론. 학문사
- **이장호(1999).** 상담심리학의 기초. 학문사
- **이종은(2012).** 내가 커서 뭐가 될지 아무도 모르잖아!. 가교출판
- **이토 유지저. 홍미화역(2020).** 행운신이 찾아오는 집. 가난신이 숨어드는 집. 윌스타일
- **정방자(1998) 정신역동적 상담.** p22. 학지사
- **정현주(2005).** 음악치료학의 이해와 적용
- **제니스 캐플런. 바나비 마쉬 공저. 김은경역(2020).** 나는 오늘도 행운을 준비한다 (일과 사랑. 삶을 변화시키는 행운의 과학). 위너스북
- **조현춘(2003).** 심리상담치료의 이론과 실제. 시그마프레스
- **최형미(2019).** 행운 바이러스. 들녘
- **최효찬(2010).** 한국의 메모 달인들. 위즈덤하우스
- **켄 블랜차드. 타드 라시나크. 처크 톰킨스 외 1명 지음. 조천제역(2018).** 칭찬은 고래도 춤추게 한다. 21세기북스
- **포라스. 짐 콜린스 저/워튼 포럼 역(2002).** 성공하는 기업들의 8가지 습관. 김영사
- **Brendan McLoughlin(2000).** 정신역동적 상담의 실제. 이문출판사
- **CHARLES ZASTROW. 김규수 역(2002).** 인간행동과 사회환경. 나눔의 집

내 삶을 바꾸는 굿 라이프 **행운**

초판발행 | 2021년 01월 01일

지은이 | 우태인

펴낸이 | 이창호
디자인 | 박기준
인쇄소 | 거호 피앤피

펴낸곳 | 도서출판 북그루
등록번호 | 제2018-000217
주소 | 서울시 마포구 토정로 253 2층(용강동)
도서문의 | 02)353-9156

값 15,800원
ISBN 979-11-90345-09-5(03320)

CIP제어번호 : CIP2020048086
이 도서의 국립중앙도서관 출판예정도서목록(CIP)은 서지정보유통지원시스템 홈페이지(seoji.nl.go.kr)와
국가자료공동목록시스템(www.nl.go.kr/kolisnet)에서 이용하실 수 있습니다.

Designed by Freepik